葉龍 編錄

錢穆講
中國通史

商務印書館

錢穆講中國通史

編　　錄：葉　龍

責任編輯：潘來基　張宇程

封面設計：張　毅

出　　版：商務印書館 (香港) 有限公司

　　　　　香港筲箕灣耀興道 3 號東滙廣場 8 樓

　　　　　http://www.commercialpress.com.hk

發　　行：香港聯合書刊物流有限公司

　　　　　香港新界荃灣德士古道 220-248 號荃灣工業中心 16 樓

印　　刷：盈豐國際印刷有限公司

　　　　　香港柴灣康民街 2 號康民工業中心 14 樓

版　　次：2022 年 2 月第 1 版第 4 次印刷

　　　　　© 2017 商務印書館 (香港) 有限公司

　　　　　ISBN 978 962 07 4537 9

　　　　　Printed in Hong Kong

自 序

業師錢穆賓四先生著有《國史大綱》，錢師嘗稱：

> 中國為世界上歷史最完備之國家，其特點有三。
> 一者悠久。二者無間斷。三者詳密。

全書約 30 萬字。此書在八年抗日戰爭前後寫成。如今沾溉於後世，至今仍風行海峽兩岸，多次重印，其受歡迎之程度，猶勝於昔。

賓四師在創辦新亞書院期間，曾先後開講“中國通史”多次，在下亦曾修習，並詳作筆錄，今整理成“中國通史”全套，正如賓四師所謂：

> 凡讀本《國史大綱》所取裁，一以與課堂講述相輔
> 相應為主，其詳略輕重之間，有大相逕庭者。以謂於
> 課堂外先治此書，可榮高心空腹之病。

意即書本與講堂所述，兩者各有互補。爰將此稿整理出版，以供讀者參考。而記錄難免有疏失之處，尚祈讀者不吝指正，凡有一字之改正，皆吾師也。

葉龍
香港青衣寓廬

目　錄

導　論

中國歷史分期

講歷史必須分期，但不能被嚴格分期所限，影響對歷史的認識。

西方人把歷史分成上古、中古和近代三個時期，但我們如此來劃分中國歷史則不妥當。雖然可以把秦代以前劃分為上古，但由於中國的時間長，所以不當，我今把中國歷史分為五期。

中國歷史在上古史以前，尚有"史前時期"。按照一般來說，歷史是要有文字記載的，沒有文字的年代，應該沒有歷史可言。由於近代科技進步，人類有能力勘探和發掘地層，在地層深處找到遠古人類的化石、遺留下來的種種生活痕跡，在人類逐步建立了地質學、生物學、人類學和考古學的系統知識和理論後，中國歷史"史前時期"的內容便非常充足，因此，很快便又建立了"史前史"，再加上又有天文學的學說理論，這些都成為學正史必然要有的知識。

在有文字記載以前的歷史，叫做"史前史"，靠器物(用具)保留於地下，藉着發掘而發現推想古代人民的生活文化，即是古人的歷史，也是田野的歷史，亦是無文字的歷史。簡單來說，這就是人類歷史的第一期，即石器時期，而這一期又可按遺留下來的石器用具，再分成兩個時期，即是：

(1)舊石器時期；

(2)新石器時期。

舊石器時期是指遠古人類只懂得採集石頭，不懂任何加工處理，也不把它磨光削尖，便拿來使用，此之謂舊石器；新石器時期的古人類則已學曉了石頭加以磨光削尖等處理後，才加以運用的，便是新石器了。

而歷史的第二期便是銅器時期，此時期人類已開始有文字。

第三期則是鐵器時期。鐵之冶煉是在製作銅器之後。

第四期是電器時期。

第五期是原子能時期。使用原子能是人類歷史的新觀點。

全人類在史前史時，都是經歷過使用舊石器和新石器兩個時期。此後講歷史便得根據歷史的記載了。

第一章　傳疑與信史

一、黃帝與殷墟文化

文字由何人所創？又由何時開始？一件東西的發明，決非一個人能成事。而是陸續由人不斷改進發明的，但講出來時便只舉出一個代表人物而已。

有說文字是黃帝的史官倉頡發明的，這個說法不全對，在何時由何人發明很難說得準確，因為文字總會是需要經過許多時代、許多人的積累而合成的發明。

在沒有文字以前，人們只能用記憶，即是用"口說相傳"的辦法，將該時代所發生的大事，用口述的方法傳給下一代，亦稱"口口相傳"，因此，這種形式的歷史便稱為"傳記的歷史"，在整個過程中也有人在傳說中加入羼進了神話的成份。

中國的祖宗相傳是黃帝，相信是因為黃帝以前的人，沒發生任何重要的事情，可以值得記錄；而且歷史中的神話，有部分也是不真實的，並非信史，只能稱是"傳疑時代"。

有文字記載前的歷史是傳說，也是神話；或者先從器物再講到文字也是一種說法。但把器物與神話加以連繫融會貫通，直到如今，仍沒有人能做到這一步功夫。[1]

1　錢師講課時約為 1950 年代中期。——編錄者按

　　黃帝究竟是新石器抑或舊石器時代的人，至今仍難以定論。如要根據史前史考古學來說則是可以的，神話並非都是靠不住的，口說的話不一定有證據；但可能是真實的，而仍無證據可說，卻不一定無證據，胡適先生認為一定要證據是不對的。傳說也有可靠的，諸葛亮借東風是神話，但赤壁之戰是真的。

　　近來我國的史前史研究喜歡說器物和田野發掘，但無人說傳說神話。其實，傳說多有可信的。因此近代的上古歷史看法可分為兩條路，一條路是傳說，另一條路是器物。

　　關於地下發掘方面，主要是在造鐵路時發掘所得的。在殷墟考古發掘中發現了商朝的古文字。根據中國傳說，歷史是從五帝[2]開始，五帝是三王[3]以後。今日在地下發掘出商代文字，故認為商朝以前的傳說均非信史，是神話之說，但我認為傳說也有十分之六、七以上可信。

　　殷商是銅器時代，正式有歷史，商代以前是史前史。這是一派說法，但歷史固然是指有文字記載以後發生的事情，但歷史也應該是包括有文字記載以前的事情，記錄這些事情的方法有兩種：一是追記和口述；另一則是遺留下來的器物與地下發掘。傳說的追記歷史仍有可信之點，以上兩種說法如何匯通，現在還沒有到此時候。[4]

　　在黃河以北，平漢路西，太行山東，有一安陽縣，當中有一小屯村，發掘出很多東西，有古董販子攜往北平。我國藥材中一向有所謂

2　一說五帝是黃帝、堯、舜、禹和湯。——編錄者按

3　三帝指天皇、地皇及人皇；或指遂人氏、伏羲氏及神農氏。——編錄者按

4　現在是指 1950 年代初期。——編錄者按

"龍骨"者,有藥材商人拿去賣給北平做官的,發現這些"龍骨"其實是些龜甲,甲骨上的花紋,其實是文字,當時稱契文,或龜甲文或甲骨文,經研究後,認為此種文字是貞卜甲,是貞卜文字。

再進一步加以研究,知小屯村有洹水,小屯三面環洹水,在安陽縣西北五里處,小屯正處於洹水之南。《史記・項羽本紀》有云:"洹水南,殷墟上。"項羽渡到洹水之南,墟者,有古人曾經住過,今已成空墟。

殷墟者,意即從前商朝人住過的地方。[5] 因此想到甲骨片上的可能是商朝人文字。與《史記・商本紀》查對,確實不錯,故亦稱為殷墟文字,亦可稱殷墟甲骨文,或可稱殷墟貞卜文。發現這文字到今天不到 60 年。[6] 以上所講之殷墟文字是商朝皇帝作為貞卜吉凶所用。我國最早的是篆文,是李斯刻寫於石板上。最古的是鐘鼎文,刻於銅器上。更古老的是這種三千餘年前的甲骨文了。

甲骨文是商朝帝王用來貞卜用。與《史記・商本紀》所說的完全雷同。對於研究甲骨文最有貢獻者要推王國維,王氏一舉而成為世界知名的學者,因外國人特別注重古物證。如埃及文化的古文字,為法國人研究所認識,因而說出埃及歷史;同樣亦有人研究巴比倫之楔形文字,亦因此而推知其巴比倫歷史;英國人亦在印度研究印度文字,法國人則在安南研究中國文字,藉以了解印度和中國的歷史。

外國人見到殷墟文字,才開始重視中國的古文化歷史,因此顧頡剛說凡殷墟文字以前的中國歷史都靠不住,竟說夏禹是大爬蟲,他因

5　猶如今日之九龍城,原先是宋皇臺。——編錄者按

6　錢師講"中國通史"時,是在 1950 年代初,下同。——編錄者按

而發起了疑古運動。胡適重證據，亦重視疑古之説，顧頡剛還著書一冊，名之曰《古史辨》，此運動至今[7]已歷三十餘年。

羅香林先生[8]是王國維的學生，當年王國維先生寫了一篇二百餘字的〈古史新論〉，證明"夏禹"的名字已刻在鐘鼎文中，因此推翻了顧頡剛二十多萬字的《古史辨》長文。

二、夏、商、周三代

商朝盤庚建都在黃河之北，此時已是商朝之下半期。有人主張盤庚前沒有歷史，實在是胡說，而且也説不通。郭沫若在日本看中國書，研究甲骨文，他在抗日戰爭時期回國。郭氏未去日本前曾寫過〈中國古代社會〉一文，説商代是遊牧社會，所以郭說與顧說類似，實際上是破壞歷史。

那王國維先生如何認識甲骨文？首先，當時發現了十萬片甲骨文，自從發現甲骨文後，考古學者一直持續在發掘，目前發現最少有四、五千字以上。文字的創造決不是一個短時期內便可完成的，故龜甲文亦是逐步發展才能完成的。按照一般的歷史進程來分析，四、五千個文字的逐步進化，少說亦需要 400 年或以上的時間，如從商朝到夏朝大約 400 年時間，按此推論，夏朝已可能有文字的存在。

其次，在數千文字中，有"黍"、"粟"、"穡"、"疇"、"田"、"禾"、"米"、"麥"等字，可見當時已有農業；且有"絲"、"帛"及

7　是指 1950 年代初期。—— 編錄者按

8　羅香林教授當時在香港大學中文系任教，亦曾在新亞書院兼課數年。—— 編錄者按

"圃"字等,可見農業已甚發達。又有"車"、"舟"、"宮"、"室"等字,可以想像當時人的社會生活已非遊牧社會實非常明顯。

至於刻字於龜殼、牛骨上,要用極硬而利的刀才能刻上去,當時已有這種刻刀,可見冶礦之學已甚發達。文化程度不高的人決製造不出如此鋒利之刻刀,可見龜甲文之出現,正好反映出該地的歷史已很久遠。

郭沫若看見甲骨文上有很多關於捉狼或捉鹿等記事,便貿貿然說當時是遊牧打獵社會,但他並沒有注意到這是當時帝王的高等娛樂。

總之,我們的文字就是有超過 3,000 年的歷史,就比英、法等國要偉大,甚至羅馬、希臘亦比不上我們。胡適說:"中國的大學歷史很短,北京大學只有 40 年[9],外國大學已有 600 年了。"但我國漢武帝時亦有大學,而 250 年前的耶魯大學,只有 50 本書。試想一想,我們中國當有多少本書,英、美、法怎麼同我們比啊!

三、古史之文字記載與器物發掘

關於古代史的記錄,可以分兩方面來說。一種是文字記載,有關傳說的追記或神話,不可全信,也不可全不信;另一種是遺留下來的器物,可以信,但亦不可全信,因不知此器物究竟在何時出現,由於根據單一物件推測一切,故不可全信,亦不可不信。因此,最好將上述兩種方法配合起來,不能抹煞任何一種。

《史記·殷本紀》與殷墟文字相符合,兩者可匯通。龜甲文何以

9　胡適當年說北大只有 40 年,因當時正好是北大建校 40 年。 —— 編錄者按

有重大的歷史價值？因為殷墟古器物內的文字可以驗證古史記載和古代歷史的真偽。

既然《史記・殷本紀》可透過甲骨文來驗證它的真確性，那麼，亦連帶可推論〈夏本紀〉的可信度，這是我根據下列證據而推測為可信的，因為：

(1)〈殷本紀〉可信，故〈夏本紀〉亦可信。

(2)歷史上稱夏、商、周三代，在《尚書》中有〈西周書〉，內有周公之文，他講商朝，同時亦講夏朝。

根據周公的話，就可講夏朝。如基督教的耶穌，無法掘出遺物，其記載中有很多神話，不可全信，但亦不可不信，其理相同。故吾人對文字記載亦不可抹煞。

周公在《尚書》中說及夏朝，他在太史公前一千餘年，太史公司馬遷亦有提及夏朝。

由於發現殷商時代之器物，可以推算到商朝。我國在《楚辭》中之〈天問〉，及另一書《山海經》，均當作神話，但殷墟的龜甲文(即甲骨文)經發掘出來以後，證明〈天問〉與《山海經》亦有可信之處。中國應該有夏朝，故殷墟所發掘的龜甲文，更可使我們對古代歷史增加信心。

夏朝以外有周朝，周是侯，是政治上的名份，商是天子，《史記》記載甚明。商是天子，周是諸侯，根據《史記・商本紀》記載的，周有明王季，商封為西伯，龜甲文中有"周侯"兩字。

商在安陽縣，周在豐鎬，這是從文字記載得知。何以小屯是殷墟，因《史記》有記載："洹水南，殷墟上"，故夏朝亦應可信。此乃合乎邏輯的道理。

光靠金字塔不能講埃及史，要等文字讀通後，才能講埃及史；故研究古代史，大的方向應該要靠書本。

殷周之際，太王有三子，大兒子泰(太)伯，二子虞仲，三子季(王季)，連名字都無，才是信史。是可信的，因講者已忘其名。

王季生子曰昌，為太王寵孫，大哥與二哥商量，國家最好傳給他，太伯和虞仲便逃走了，由王季接位，後由昌傳承王季，於是商封昌為西伯，即是文王，昌生發，即是武王。文王有很多兒子，發或為第二子。商在河南省，周在陝西省，周去商朝是要從黃河擺渡的。

後來周打敗商，商之箕子逃到韓國，雖不能證明，但絕對可信，韓國人亦知道。可見商朝與韓國曾有過關係。故商朝東可至韓，西可管周侯，可見南方亦可推測商有其政治勢力。商朝之政治勢力如此大，約歷時 300 年，可見商規模之大，文化之高了。政治亦為文化表現之一，進步到如此田地，至少要好幾百年。

按照舊書所說，夏、商是封建時代，周亦是封建時代。

周朝人要跑到東方來可有兩條路：一條路是出函谷關，到洛陽；一條路是出武關，到漢水入淮水，再可到南陽(湘)、襄陽(鄂)，再經漢水、淮水到長江。故周朝是剪商，漸侵商朝，打倒商後，變成新王朝的。

但當時商朝已有 700 年歷史，周武王滅商後，回豐鎬去，因年老而兩年後崩。周武王對商朝說，並非要滅商，但商紂的政治治理太壞，乃是弔民伐罪，特來慰問民眾，討伐商朝，故仍封其子武庚於安陽。此乃 3,000 年前之事，如係歐洲人便不會出此。可見中國民族是有文化。英國人不夠格做國際友人，而是帝國主義，不肯歸還香港。當時全中國諸侯均服從周朝，周朝成為王朝，商仍存在。

第二章　先秦時期

一、周代歷史已非傳疑

　　當時周武王成立新的王朝，但其並不放心，為了防範武庚的叛亂，因此在商的都城外面設置了三監。當時武王的三弟管叔，四弟周公，五弟蔡叔，八弟霍叔，武王命老三、老五、老八三兄弟封在商京附近以作監視。

　　武王滅商後二年崩，其子周成王只是一十多歲小孩。中國的帝位有兩種傳承方法：一是立弟，所謂兄終弟及；一是玄子，即父子相傳。當時成王太年輕，管叔不才，老四不封為三監，因武王認為他有才幹；讓周公做，周公認為不可，仍主張讓成王做，因周公攝政代理。這是 3,000 年前的歷史。周公是聖人，不如西洋人所謂牧師的"聖人"，與中國的不同。當時武庚派人去向管叔挑撥與周公離間，於是武庚與三監聯合起來攻打成王，勢力甚為強大，當時由周公協助成王的中央政府亦有人不滿周公，於是周公派軍東征，周公子伯禽，當時只是一位 17 至 20 歲的青少年，擔任前鋒將軍，執行大義滅親，殺了管叔與武庚。周王室仁至義盡，商雖背叛作亂，仍讓商有自由，並封商在商丘。商有不服之殷頑者，周公將之遷往洛陽。

　　周公重立安陽為衛國，封九弟康叔 [10] 於衛。周公封其子於曲阜。周朝的親戚，即武王之岳父姜太公封其於臨淄(即齊國)；在太行山附

---

10 康叔年壽至 100 有餘。—— 編錄者按

近封晉國，在漢水淮水間又封申、呂兩國。又封吳國、蔡國，將商丘的商朝包圍。周公如此做，一方面道德高尚，另一方面軍事戰略高超。

當時有人在成王面前挑撥，成王不放心。一日大風大雨，成王出巡，見麥倒，要變荒年，去廟祭祖，在廟得一金匣，有一份用金縢紮起的文件，是周公為武王禱告，求武王病癒的禱文，成王發現此文件，於是再親自去迎這位叔父，於是旭日重出，麥亦成長了。

周公是歷史上之大人物，攝政七年後，將政權交還成王。後來周王室封周公長子在魯國，後周公分為二房，一在魯，一在京，由周公任宰相。周公不但封商，他還興滅國，繼絕世，又封夏之子孫於杞國，舜之子孫於陳國，凡古代帝王子孫均有分封。而英讓印度獨立，法不讓安南獨立，器量就不夠寬大也。同時，周自為宗戚，亦各分封於外。

講道德的人亦可用手段，諸葛亮曾有借東風和空城計；羅斯福手段好，但道德不夠；羅斯福故意讓日本人襲珍珠港，以便出兵，故羅斯福沒有威爾遜為人高尚。

周公是用手段來完成道德的目的。周朝第一次封建是周武王，周朝第二次封建是周公分封宗戚並興滅國，繼絕世，於是周朝以德治天下，有 800 年歷史。所以說，中國是和平的文化，是和平的歷史。

讀西洋史，讀羅馬史並不好，沒有味道，最好讀周公的歷史，他採用封建制度，而不採用帝國主義的管治方法，這是中國人的光榮。

二、東周時期

東周時期，當時稱春秋時代，《春秋》是書名，屬編年史體例。

周建都西安(鎬)，時日漸久而管治衰落，後有戎狄之患，周搬遷至東都洛陽，故稱東周，東周時期較西周更長。

根據歷史記載，東周時期共有二百多位諸侯，為周王朝所封，分為三部分：一是本家宗室；二是外戚；三是古代的滅國絕世，如夏、商、唐虞、黃帝、神農等。周是封建共主，稱為王室(王朝)，可說是眾部落推周為共主，故中國的正式封建應從周朝起。

當時在黃河南北大山如陰山、伏山等地均有戎狄。諸侯在平地上築城有兩套，曰城郭。城是內城，郭是外城，其耕稼的城圈有三里、五里及七里等。如直徑不過二里，等於小國；國即是一城圈，國人即住在城內之人，野人即是住在城外的鄉村，即城郭外是郊野平原，圍着郊野的大圈即是封疆。

以城郭為中心之郊野，直徑為 100 里，半徑為 50 里，封疆之外就是棄地了，因當時人口稀少，亦即國與國之間的空地、未開墾的草地。但因為有水，要引導水成河流。空地則有幾十里或一、二百里。

古代之地與今日之地有別。住在草地上的叫遊牧人，如今日之青海、蒙古，但遊牧地佔地遠比農地為多。

工商業社會需要的地少，農業需地次之，牧地需地最大。所以中國同時有耕稼與遊牧，並非有先後階級之分。如香港今日是工商社會，但在新界仍有農田。

如用"星羅棋佈"來形容當時之社會，則遊牧人可稱為戎狄，種田人可稱為華夏，而同屬中國人，等於兩兄弟，一人教書，而另一人則經商。

華夏文化較高，生活程度亦較高，有工商、武裝、政教等各項職份；遊牧文化則較低，生活程度亦較低。周朝封建各諸侯國後，戎狄就被逼進入山區了。

美國羅斯福提出海洋自由，即英美帝國主義可通商，因小國沒有船可自由航行。周朝時則是陸路交通。

以上這一章所說的，是古書上所無，懂得這番話，就可看《左傳》、《公羊傳》、《穀梁傳》等古書了。

三、春秋時期

所謂四夷內侵，乃是本來在中國內部的遊牧人，跑進城圈內，實際上就是華夏與戎狄雜處。

由諸夏造成封建系統，此封建系統由共主統領，免得他人欺侮。西周失敗後，失去王室尊嚴，諸夏不服，互相吞併，且要造成內亂。外有併吞，內有篡弒，引致四夷內侵，戎狄來攻城圈了，於是耕稼文化衰落，此乃春秋初年之大形勢。

由於有稱霸的諸侯崛起，其口號便為“尊王攘夷”。仍尊周為天子，使勿互相吞併，亦不篡弒，主張不承認新的吞併搶奪得來的政權，使內亂得以減少，進一步採取干涉行動。這使多國相處安定，第二步再取締戎狄之入侵搗亂。故所謂稱霸的諸侯，乃根據當時東周之形勢而產生。

齊桓公之相管仲主張尊王攘夷，當時除了孔子、周公以外，以管仲最為國人所欽佩，當時如無管仲，即無中國文化。所以孔子說：“管仲相桓公，霸諸侯，一匡天下，民到於今受其賜；微管仲，吾其披髮左衽矣！”

周封諸侯，當時稱霸的諸侯主張城郭聯盟，一國受到侵犯，各國出動增援。歷史亦會重演，今日世界外交與春秋一樣，美助韓，英、法派象徵式軍隊，正如春秋時之乞師。

齊桓公帶領各國軍隊幫衛國驅除戎狄，助衛復國，故春秋時中國已有目標聯盟。當時楚國並不加入聯盟，等於今日之蘇俄，因楚仍要實施吞併。當時北有戎狄入侵，南有楚國搗亂，所以“中國不絕若線”也。齊桓公無力除楚，與楚會議亦無結果。

“封建”是周公所發明，沒有封建就無周朝；“尊王攘夷”、“諸侯稱霸”是管仲發明的。故今日需要有一個人出來，講一句話，打開時代的僵局。只要能發明一句，便是大政治家了。正如今日的蘇俄，是反動的帝國主義，但説話卻叫得響。

齊桓公和管仲死後，接着由晉文公出來尊王攘夷，於是與楚會談。晉有之物楚均有，以何來報答呢！我遇楚軍日退三十里，三天讓三次，第四天不退了。後來楚讓晉文公返國，但晉、楚一經火併，楚軍敗，可以説，齊桓、晉文二公維持了封建制度的社會。

後來楚則與宋、陳、蔡、鄭建立了一個密切之關係圈。晉、楚聯合各國舉行弭兵大會。當時晉、楚兩國作戰是在中間其他地區，與本身無關。

當吳攻打楚時，春秋於是完結，戰國遂出。

今日之世界猶如 240 年之春秋。春秋如何轉變成戰國？起初大國併吞小國或強國，後來不能吞併了。拿破崙向大陸、海洋進攻而失敗，德國向歐洲大陸進攻亦失敗。英國霸佔海上而成功，蘇聯不奪取歐洲亦成功，日本、法國則受英國之提攜。

從前中國人決不承認中國是大國，共產黨有一點誇大，認為中國是大國，這是對的。英、美、俄等國實無法與中國相比。中國實不能違背天與歷史，它永遠是一個大國。

春秋晚年，晉國力量最大，至晉八世分成三國，稱為趙、魏、韓。

我在民國初年看到一書，其書名為《春秋時代的國際公法》，寫得極好，它用《左傳》的史事來比較現代的國際公法，甚至更為進步，可惜此書已絕版。

我佩服孫中山先生，因為他曾說："中國的政治比外國高明。"可見中山先生眼光精準。

四、戰國時期

戰國亦經歷了 240 年。由最初的十二諸侯演變到七雄。即秦、楚、齊、燕、韓、趙、魏七國。韓、趙、魏三晉原為周之同姓，但分成三國後便與周無關了。

當時秦、楚反周，齊是周之外戚，田姓一出，齊國亡國，此後與周更無關了。此時各國之間已無尊王攘夷之口號了。

春秋時期，一國一城，是個城市國家。戰國時期，一國有多城，齊國有七十餘城，十分像樣。故春秋稱為封建諸侯，至戰國則以軍立國，成為軍國矣！

實際上，戰國不止七雄，起初應有九雄，尚有宋國，由商朝傳下；又有中山國。[11]

孟子說："今天下方千里者有九。"從前的國家方百里。戰國時加了十倍，成為千里了。孟子對齊王說："以一服八"，是不可能的。

又《戰國策》亦有九國之策。但太史公司馬遷的《史記》稱"七雄"。此是由於太史公生於秦王統一中國後 80 年。孟子先於太史公

---

11 春秋時期無此國，戰國時期才出現。—— 編錄者按

約 300 年，且為戰國時期人物。《史記》是後出之書，何以會弄錯，因宋與中山國首先被滅，故前、中期的戰國是九雄，但後期便是七雄了。理由在此。

戰國七雄，既有"合縱"，也有"連橫"的外交策略。

"合縱"者，南北相連打擊秦，代表人物為蘇秦。"連橫"者，東西連合服從秦，全國連合，代表人物為張儀。

蘇秦、張儀是同學，同是鬼谷子學生，居住在鬼谷。蘇秦甚窮，洛陽人，家經商，他先去見秦王，勸他攻打六國，不聽。回國後父母妻子都看不起他，於是蘇再發憤苦讀，懸樑刺股，學有所成後，去燕趙六國遊說攻打秦國，於是六國均請他做宰相。他身懸六國相印，他返回洛陽時，萬人空巷迎接他。他對嫂嫂說："何前倨而後恭也？"嫂嫂答道："見季子位高而多金也。"蘇秦嘆道："人要富貴，道理在此也。"

蘇秦為了維持政權穩定，便勸張儀到楚國去遊說貴族，請張儀吃飯時，據說 12 隻碟中少了 1 隻金碟，懷疑是張儀所偷，張儀被打得皮破肉爛，並回答說："我的頭還齊全不破，仍還可用，前途絕不會受影響。"後來張儀就去見聽說做了六國宰相的蘇秦，但一去到，見不到蘇秦，於是張儀就去秦國，他一口氣從洛陽到了西安，途中遇一旅客，一路上助他經濟吃用。終於到了秦國，秦王委任他為宰相。於是陪他同去的旅客要回鄉，說明以上一切都是蘇秦安排好的，為了刺激他去見秦王，現在既已功成，便要身退了。這故事相傳已有 2,000 年。

但以上這個故事，其實不可靠。所以說神話和傳說故事有時是靠不住的。經考證後，這故事原來是假的，我發現太史公是講錯了。第一點：蘇秦、張儀略早於孟子，孟子說："方千里者有九。"則蘇秦當時應聯合八國，何以只有六國，卻少了宋與中山兩國？

第二點：聯合六國攻打一國，可見秦最強，但蘇、張時期，世界最大國要推梁（即魏國）與齊國。孟子見梁惠王，梁惠王說："晉國，天下莫強焉[12]，叟之所知也。及寡人之身，東敗於齊，長子死焉，西喪地於秦七百里，南辱於楚。寡人恥之，願比死者一灑之，如之何則可？"要請孟子設法。後孟子見齊宣王，孟子問可見大希望，想王天下。孟子說，不要做楚，天下方千里者有九，以一打敗八是不可能的。可見齊宣王當時是想統一天下。

梁惠王時，秦有秦孝公，當時春秋各國稱公，只有楚稱王。後來有吳王、越王，楚不服周，便永遠稱王。戰國梁惠王稱王，楚人反對，遂邀齊亦稱齊威王。在徐州稱王，當時秦尚是秦相公，後才稱王，故當時是強國先稱王，弱國慢稱王。

當時有兩員大將，孫臏與龐涓，他倆是同學，老師亦是鬼谷子，同學軍事，後來龐涓在梁國，孫臏則去齊國。龐涓因懼孫臏，遂使孫變成跛腳去齊國做了參謀，後齊、梁開戰，孫做參謀，擊敗龐涓。孫臏事先於某樹下置一標語曰："龐涓死於此樹下。"龐涓遂自殺。

齊敗梁後變為大國，與楚結盟抗秦，但張儀遊說楚懷王，稱秦可還楚六百里地，導致齊、楚絕交。秦國後來成大國，故不依照蘇、張之法講戰國史。

西周歷時 300 年，春秋與戰國各 240 年，合共約 800 年。大致上宋歷時千餘年，楚則 800 年。楚與周大致同時。

---

12 梁自稱晉國。—— 編錄者按

第三章　秦漢時期

一、秦代

秦代時中國大一統,大是動詞,即是看重政治的一統。一統即一政府,一元首,即一頭政治,一個系統。中國在秦以前早就封建一統,秦朝以下是郡縣一統。

戰國時期分為東方中國與西方中國。西方是秦,東方是六國,亦即是黃河上游與下游之分;下游文化高,經濟繁榮,如齊國。上游文化低,經濟落後,如秦。結果秦併合六國,至今 2,000 年。

學歷史者應自上看下,並體驗古代之艱難。西方國家與春秋同時期的是希臘,但它尚未統一。美國是許多單位的聯邦統一;英、法在歐洲是各自分散獨立的。但中國是融合為一的統一。如要以省劃圖,就是封建頭腦,地域觀念。

秦滅魯國很遲,但衛國是秦統一後才被滅的,故要消滅歷史悠久的國家實在不易。當時中國人的天下觀念已超出國家觀念之上了。

春秋是封建,戰國時封建已在崩潰路上。封建者,即分為平民與貴族兩層。周朝分封的諸侯是貴族世襲的,即世世代代可擁有相同的地位和封地。整個西周分封系統如下所示:

天子 — 諸侯 — 卿、大夫 — 士 — 庶人(即普通人)

"士"這個階級,如能識字,能打仗,便可晉升為"大夫",意即可從平民社會爬上貴族社會,故沒有革命了,因貴族階級是開放的,如不提供機會讓平民在社會中向上流動,便有可能發生革命。

如要注意由春秋到戰國的變化,就要細看春秋時期。如孔子最喜歡的鄭子產,全國聞名,尚有晉叔向、齊晏嬰、衛蘧瑗、宋向戌、魯叔孫豹,這幾十人,都是卿大夫。他們的言論文章、政治能力均極好,並無階級觀念和國家觀念(封建國家),為舉世所推重。

一人管十羊,易於十童管九羊、少數人統治較多數人統治比較容易。

當時的階級思想與國家觀念同時存在,但春秋時期已有"公"的觀念,不講階級而講道義。《左傳》文章好,故事亦可愛,我們可從中讀到很多好的文章和故事。

孔子是士,是從平民社會爬上去的,並無國的觀念,故他周遊天下十多年,要行道於天下,他並非貴族階級。孔子以後出了墨子,與孔子齊名,後世稱儒、墨兩家。

墨子講全人類的道理,就全人類說,不應有戰爭,不以國家和人的階級立場來看,而是超國家、超階級的立場,講全人類的真理。從他的角度來看,法律只是由某一種人制定的規律,來約制人與人之間的行為,其起點就是偏了,故此是不合道理的。

貴族開放,歡迎平民向上流動,進入貴族層級中,當時平民代表是講道義的孔、墨,由於有這種觀點,才可以使中國統一。

孟子對齊宣王說,以一攻打八不可能,統一之法是如孟子對梁襄王說:"不嗜殺人者能一之。"有時不能不殺伐,但是並不代表喜歡殺伐。"殺一人而得天下,不為也。"[13] 以殺人作為得天下的手段是不行的,故此,西方的氫彈不能平定天下;因為他們不懂得講中國的道

13《孟子·公孫丑》原文云:"行一不義,殺一不辜,而得天下,皆不為也。"此為簡略句。—— 編錄者按

義，故此，宗教與科學不能統一中國；只有中國道理才能平定天下，因為有道理，所以才可以統一中國。

我們看秦統一中國，不單只靠武力，更有社會上一般的要求，就是指當時天下的〝人道觀念〞。自孔、墨以後幾百年的學術思想，促成了秦國的統一。因此而開創了中國歷史的新階段。

秦統一中國，最重要的歷史意義，約有四大事項：

1. 確立中國的疆域版圖

中國的疆域，自秦至今沒有大變動。古代中國在黃河流域，秦後到了長江、珠江流域，但上述疆域是戰國以來陸續開闢而成的，南至安南，北至北韓，長城方面則到達大同。

古代中國蠻夷雜處，有耕稼與遊牧兩種人民，是以文化分，不能以血統分。血統不能決定國家，乃以文化來決定。當時人民有兩種生活與文化，便是耕稼與遊牧。民族之形成除血統外，尚須以文化構成。

孔子是殷商朝人（即宋國人），後來到了周朝的魯國。

2. 中華民族凝聚一體

秦統一中國後，全國人口一起總算，當然大量增加，秦始皇二十六年滅六國而統一中國，秦始皇三十七年東巡駕崩，秦二世二年為趙高所殺，立子嬰僅一年而秦亡，由於秦之統一，因此中華民族遂能凝合成一體。

從前華夏夷狄並存，分而治之的局面遂即消融，中國成為一個車同軌、書同文，及行倫之社會。當時之巴蜀開闢於秦，安南要待秦併六國後遂開始為中國之郡縣，於是全國人民生活於同一版圖，沐浴於同一文化。

3. 中國至此有統一的新政治制度

秦統一後施行郡縣制，從前之封建制度終於徹底破壞，不能再興矣。直至今日，仍可説是統一的郡縣制國家。此時期之中央政府不再封國家，郡等於省，省再分若干縣，秦分為 42 郡，郡下再分縣。封建是封一國之諸侯，子孫相襲，是世襲的貴族。郡則派太守（即省長）任三、五年，或十年八年亦有，但不讓其子世襲。打倒封建是打倒地域的割據觀念，如現代的唐繼堯、龍雲等，其實是封建割據的頭臉，非世襲卻是變相的世襲。

照理地方官可隨時更換，官有官俸供給生活所需。但政府的一切經濟是屬於國家民族的。

郡縣制度下，官不封土而受祿，不傳子而任賢，成為中央政府的地方官，屬有職位，但並非高出人家而有特殊地位的貴族，故秦以後不是封建社會了。中國之有郡縣制的國家，實是一大發明，就如今日美國之有氫氣彈。當時世界上沒有別的國家採用郡縣制度建國。

當時如西方的羅馬是一帝國，它打敗希臘後，即派一督軍管理，管治猶太、埃及、西班牙、波蘭、法、英……等國，這些土地是以軍隊征服的土地，用軍事鎮壓反動，抽賦税。今日之大英帝國可組成聯合王國，香港亦是英國的征服地，但香港人不能享受英國的政治權利，香港是狐狸尾巴，顯出帝國的原形。

中國則不然，沒有征服地，在政府及國土內，並無征服者與被征服者之分，治人者與治於人者，官與民並無階級分別，只是職務上的分別而已。

今日美國是聯邦國家，德國亦是聯邦，奧匈帝國是聯合的王國，當今只有中國是郡縣制國家。蘇格蘭是被征服者，英格蘭是征服者，故當時世界上最高等、最合理的國家是郡縣制國家。

今天人們稱秦為帝國是說不通的，只能稱秦朝，秦之郡縣制至今並未打倒，中國今日仍是文明合理的自由國家。

今日世上的國家有兩種：一種是由聯合國合成，聯合國有軍隊、有法律，由聯合國來統治，叫世界聯邦；另一種是照中國人的想法，世界只要一個政府，天下一家，中國一人，有殖民地的不能一人，有階級之分的也非一人。美國可說是一人，可以做我們中國的小弟弟小朋友；不分階級、不分男女、不分貧富、不分職業，官民均是一人。但天下一家，則只有中國才有此概念，美國有多個不同的州，每個州有其不同的憲法與法律。

中國自秦以後，在土地、民族及政治(郡縣制)上都成為統一了，思想也確定了。2,000 年的歷史，一天天進步着，往上跑着，是值得稱頌的。

4. 確立了中國傳統的學術思想

中國思想的傳統核心價值包括：

(1)主張世界大同，天下一家。

(2)主張平等思想。

(3)現世關懷，可實踐推行的。西方宗教是不現實的，因世界太黑暗之故，中國宗教之所以不發達，因中國社會較合理化。

秦以後的思想仍如先前一般，並無向前改變。秦始皇年輕時讀韓非著作時仍嘆息：可惜韓非沒有與我同時。秦始皇廢封建，行郡縣，不再實行封建，實在是很重要的進步。

但秦 15 年便亡，此何以故？因秦屬戰國時期封建國家之一，各國相繼崩潰，秦國乃是最後崩潰之一個貴族階級，較滅六國時間上遲了 15 年，因此，認定秦獲勝而打敗六國是看錯了。舊勢力崩潰，新勢力平民階級興起，故秦統一中國，其實並非打倒六國，而是平民社會希望統一。故此，從歷史發展的角度來看，直到漢朝建立，才是新興的平民政治的興起，這就是古代封建社會的結束了。

秦代是中國第一個貴族的統一政府；漢代是中國第一個平民的統一政府。歷史進步是有步驟的，眼光不應短視，我們應有範疇的、系統的看法。

二、西漢時期

漢高祖劉邦以平民為天子，是中國歷史上的創舉。劉邦，邦者，得國也。得天下後為人民所賜。其父為劉太公，母劉媼，歷史上均不知其原姓名，可見漢高祖是一個平民家庭出身者。

劉邦為秦時之亭長[14]，古代十里一亭，即有一派出所，而泗水亭長尚有一二事卒。跟劉邦得天下的革命集團內是平民社會中人，其中最著名者為蕭何，原在衙門內當差；尚有曹參，亦是衙門內之監獄官；陳平是一窮苦貧民；周勃是出喪時吹笛的；韓信是要飯的；黥布是充軍的；只有張良是貴族。其祖父張開為韓相，自六國滅後，張良為韓復仇，時欲殺秦王。

從平民做到國家領袖實不容易，漢高祖為中國歷史上第一個平民政府的首領。劉邦識字不多，他是從農村社會出來的，也不懂政治，當時政治的最大問題，便是應否復行封建制。

秦統一中國後，有人曾對秦王說："自古以來沒有不封建而可以

---

14 亭長相當於今日之警察局長。——編錄者按

長治久安的。既已為王，子仍為單身漢，應封其為國王。"勸秦王封其子。秦王問楚人李斯。李斯師事荀卿，答道："不能封，因世界有封國家，才有戰爭。故不封為是。"這番話是為"公"而說，為全人類而說的。而勸秦王封其子的意見是為"私"而說的。

於是秦王焚書，燒毀反對政府的著作，這雖不好，但秦始皇廢封建行郡縣，卻是好的。焚書坑儒，只是壓服反對政府的人之手段。

"秦國不封建，故其國祚不久"這個說法是可笑的。當時又有革命軍，其口號是"復立六國之後。"想復國，其實只是瞎說，何以不封九國，但革命軍不主張封秦，先攻佔秦者，先得秦國可立為王。

秦滅楚最為徹底，只剩下一牧童封其為王。劉邦首先攻入關中，故封為王。劉邦力戰五年而統一中國，當時韓國黥(英)布、彭越均帶大兵在外出戰，高祖不得已而封之。但他並不放心，故後殺之。謂之誅戮功臣，於是再封親戚與家族之同姓王。此時漢高祖劉邦再行封建，此乃為了鞏固政權，外姓則封侯。此舉秦王實比漢高祖高明。

古時周天子為王，下有公侯伯子男。戰國時則均封為王。漢代則中央為天子，封出有王與侯兩等級。

"非劉氏不得王"此舉實說不通。"非有功不得侯"，立功者乃助高祖戰而有功者封侯，實亦說不通。

漢高祖妻呂氏，為人兇狠，曾助劉邦得天下，邦死，子封王，呂氏命姓呂的亦封王，稱諸呂，政府分劉、呂兩派。封侯之功臣見事態嚴重，遂聯合而殺呂氏家族[15]，再外出尋回劉氏作王。

高祖子作王，惠帝之後是文帝，其母竇氏窮，很可憐，被軍中所

---

15 呂氏當時為中國第一女王。——編錄者按

擄，高祖之妾生文帝，被封王於外，當妻黨勢力弱的，於是功臣請文帝還，其母舅幼時做奴隸而挖煤，於是去找姊竇氏，賣出去時為人梳頭而哭。文帝亦是一位好帝王。

當時尚有大王、齊王、楚、吳、梁王等，文帝僅是一小王代王，但封王後極好，功臣及諸王均看不起。一日問相曰：「一年收租若干？殺犯人多少？」丞相周勃均以不知回答。文帝再問：「君為相所辦何事？」相答道：「可問司其職者。」文帝再問相：「君所管何事？」相答道：「助王攝理陰陽。」後周勃辭職。

當時文帝問洛陽一長者：「國家有無人才？」此長者答道：「只有一位二十一、二歲的青年，名叫賈誼的。」遂派人送賈誼到京，文帝見賈誼，賈上政事疏，力勸文帝盡速改革政制。後來文帝與賈誼促膝長談，直談到深夜，談完了國事，再繼續談鬼神。文帝道：「與賈誼見面後，深感自己不及賈誼遠甚。」可見文帝重視賈誼。

漢代是平民政府，高祖再搞封建。文帝聽賈誼之言，告之如何解散守舊之封建制度，其法是：「眾建諸侯而少其力。」例如吳王生二子，即將吳王之諸侯封地分封為兩份，如此快速一代一代分下去，使大國多成小國，便無法反對鬧事了。文帝便依計而行，傳位至景帝時，諸侯造反，有吳楚七國之變。平定亂事後，封建仍然存在。武帝仍照賈誼之計，將大國依舊法分成小國，才瓦解了封建勢力，地分小了，就無力造反作亂了。

諸侯將位傳給眾子，即非世襲矣。故自漢朝起，稱為兄弟平等，封建勢力已無法保留。有世襲才可稱為貴族，但有特權而不世襲便不是貴族了。中國是皇帝永遠世襲，稱為王室，是世襲而且是單傳的。賈誼所倡導的分封建之方法，是合乎孝悌的倫理，封建是長子有特權，家可永遠保留成為貴族。

　　有人說，五四運動打倒了封建，這是胡說，其實一點影響也沒有。今日之青年認識不清，受"打倒封建"四字的影響極大。

　　"非劉氏不得王"，漢稱皇帝，皇帝二字相連，應稱始皇帝。

　　"非有功不得侯"，貴族分封王與侯，兩漢之政權是郡縣制抑封建制？三代與周是封建，秦為郡縣；漢高祖再封建是劃分地方，大部分是郡和國，故稱"郡國"，郡屬中央，國是封建，如廣東、雲南、廣西省由軍閥割據統治，但江蘇、浙江、湖南省等無軍閥，是中央直接管轄，管不到的人和地區就是有封建勢力。

　　漢時分郡與國，國則分王國、侯國兩種。有軍功的可封侯。"非有功不得侯"便是指軍功，故可說是軍人集團。

　　漢代當時有 103 個郡和國，而侯國則不在內。漢代助王工作的宰相，照規矩不封侯；無戰功者則不能拜相。故漢時宰相都是有戰功的軍人，漢朝亦是武人政府。領袖都是軍人擔任，是不講理論的政府。讀書人帶兵是理想，但帶兵人做領袖則不合理想。

　　秦相李斯是文人，故秦始皇是大政治家，秦始皇雖然只做了 13 年皇帝，但歷史不能以成敗論英雄，失敗的並不一定不好。漢高祖的王朝長久，這是歷史的大趨勢。

　　漢代的政權所以不理想，是因為封侯的可以世襲了，如蕭何、曹參死後，由其子孫接位。這不是武人，而是成了貴族。故漢朝政制並不理想。

　　漢景帝子武帝 17 歲做皇帝，實很偉大。反過來拜了相再封侯，當時有平民牧家的讀書人公孫弘做了宰相，再封他為侯。這是文人宰相，是中國由讀書人做宰相的開始。

　　中國第一個統一政府是由秦朝建立的；中國第一個平民政府是由漢高祖開創的；中國第一個士人（文治）政府則是由漢武帝確定的。

　　歷史上的大爭論，是必然抑是偶然？其實我認為兩者都不是。漢景帝及后栗氏（兩人脾氣都不好）生栗太子。一日吵架，廢栗后與太子，改王氏為后，如二人不吵架，則栗仍為太子，王氏子不會是武帝了，歷史也會改觀。這是帶有偶然性的，這就是"命運"之說。

　　漢朝出士人政府時不封建，故讀書人是最偉大的，有學問的人只能將學問交給人，故偉大。讀書人的風氣盛，是大公無私，是公天下。讀書的偉大，得到了知識是為人類，不是為子孫、家庭，是為要傳揚貢獻給世界。學問是分不完的，人人可得，是寶貴的產業。故天下最偉大的人是讀書分子。學問、思想不自由，是大逆不道的大惡。學者是大公無私的、是自由的。

三、秦漢對外政策

　　秦漢以前並無正式外交。秦漢大一統後，就有了正式的對外政策了。古代中國是華夷雜處，兼有耕稼的與遊牧的。耕稼者住在城郭內，是封建的，名叫華夏；遊牧者是無城郭，隨處遷移的，名叫戎狄。自春秋至戰國，土地開闢大增，戎狄有同化的，亦有被趕走的。

　　中國的北面是大草原，稱為匈奴，或稱蒙古人，在人種學上說，中國人與蒙古人是同一種族的人，按照古代說法，匈奴人是夏胡之後裔。按照《史記》記載，秦、魏、越、燕四國之北接壤匈奴，四國將遊牧民族趕走，建築長城阻隔。長城是隨着封建制度而來的。秦、魏之間有長牆，燕、齊之間亦有長牆，趙、燕之間亦有。秦統一中國後，國與國之間的長牆都不要了。但對北方各國之牆則仍保留而連接起來，由秦連成一氣，名為萬里長城。

　　秦國到南邊，經五嶺到安南則不要牆。到南邊的路進山中有苗、蠻，在湘、楚滇、黔等省均有苗子，是被華夏趕出來的。

　　秦時匈奴中出了一位大人物叫冒頓單于，他有本領，有部族跟隨他遊牧。冒頓有一匹駿馬，對部下說：“我前去處，人須跟從之”，有二人不跟從，遂射殺之，眾皆服從。不久，冒頓又有一妾，冒頓先射，有幾位不跟射，又殺之。一日狩獵，命射其父，於是眾從之而射死其父，自己為王。這是異族文化，也是野蠻文化，中國歷史上沒有，只有西洋歷史曾經出現，這種文化是可怕的，凡住在北方寒冷地帶的人都是可怕的。

　　項羽有愛馬愛妾，他投烏江時，曾為愛馬愛妾作歌，曰：“力拔山兮氣蓋世，時不利兮騅不逝，騅不逝兮可奈何？虞兮虞兮奈若何。”項羽痛惜不能保護愛妾與愛馬。

　　當時秦與匈奴交界處有很長之陰山，山勢不算崎嶇，較阿爾卑斯山的山路易走，此在陰山一帶，南北兩面均是遊牧民族聚居，由可怕的冒頓單于管控，故此，秦始皇需要修築萬里長城，阻截匈奴人南進。

　　陰山附近地勢，有兩個重要區域，首要是黃河河套，水草豐美；再往南是秦朝重要城市咸陽和長安。故此，秦皇派魯人大將蒙恬，統領 40 萬大軍屯守，又派長子扶蘇與蒙恬同任監軍，在當地開墾屯田，命南部人口移民，開闢了三十餘縣，名為 “新秦中”，在河套南北兩岸。陰山之下另一重要區域是大同，往北是張家口，南下可直入山西省，也在陰山之南。第三個相對較次要之地區是熱河，南下可直達河北省。

　　秦朝建立時，新疆不在華夏境內。其後秦王出宮巡狩時，死於路上，發生政變。秦王愛少子胡亥，部下假秦王命，立胡亥為王，命太子扶蘇自殺，蒙恬勸他不必自殺，扶蘇不願，終於自殺。子敬重父，是中國傳統思想的核心價值，不一定是壞事。及後蒙恬受召，下獄自殺，亦是有服從之心，如今日之麥克阿瑟將軍一般。這同樣是服從於法律，而非只是專制。聽了歷史後，必須有客觀明智的判斷。於是秦國革命，首先由陳勝、吳廣揭竿而起，因秦要派陳、吳去海洋守邊，在路上造反，秦潰敗，40萬軍隊潰散，於是匈奴乘勢而起，日漸壯大。

漢高祖派軍隊到大同附近的平城，今日"昭君出塞"、"楊六郎"及"四郎探母"等故事均發生於此邊疆上。匈奴派軍隊到平城附近，圍困漢高祖，高祖受到匈奴之重大打擊，後來未開戰，匈奴跑掉了，無人知其原因，此是一段秘史。據說是陳平出奇計，使匈奴退兵，陳平請高祖派一人去與單于后閼氏（焉支）講話，說漢王如被打敗，要用美女獻匈奴王，閼氏將會失寵，於是，閼氏命匈奴退兵。

平城敗後，高祖不敢與匈奴戰，後有魯人婁敬見高祖獻計，勸高祖用"和親政策"對付匈奴，將皇室公主下嫁給匈奴單于，成為女婿外甥親戚，使兩國和平，中國此後一直用此和親政策，於是派公主出嫁匈奴，雙方關係一直保持和好。

高祖崩，呂后為王，單于來信，自稱孤男，説呂后為孤女，欲兩家相聯合，此實是侮慢，後來還是主和。當時內部仍有主張封建的，而外有大敵匈奴。但呂后以後，文帝出而形勢又趨於太平。賈誼説，中國形勢仍然不妙，如稻草底下留有火種，終極必會焚燒，故賈誼此時對內對外均設法加以處理。

後經景帝平定吳、楚七國之亂後，國家趨於統一，對外仍用和親政策。直到武帝在位時，改用文人治政後，對外就用武力征伐匈奴。

中國自秦始皇至漢武帝，70年來受匈奴的壓迫，秦始皇築萬里長城應對匈奴，是採取防禦政策；漢高祖以後對付匈奴是採用和親政策；至武帝時，終更改對外政策，正式征伐匈奴。

　　匈奴侵略中國並非出於政治野心，乃是出於經濟要求。蒙古並不產米，其所釀之酒不佳，亦不出產絲、鐵器用具。中國以後每年有送禮予匈奴，亦有送禮予匈奴貴族，於是匈奴不再來侵，兩國開關貿易，並在長城擇數區經商，以駝馬與中國交換，民間亦不再來侵。和親其實等於賄賂政策，因而抵銷了侵犯中國之動機。西洋人今日要錢，但經濟與人不能相提並論。

　　漢文帝時仍與匈奴和親，有公主、婢女、差役等，並隨派公使同往，如不願前往，恐會破壞漢與匈奴之間的邦交。遊說者對匈奴方面說，與中國人做生意甚易，但不易長久，並且又說匈奴的瑪內 [16] 不比中國酒，即是說不與外國人做生意是聰明辦法，與外人經商等於被抽血。中介人說，中國的科學、物質、文明以及生活程度高，目的是為要騙錢。中介人又說，跟中國人做生意，就會被騙光，故最好莫如去搶掠。

　　長城太長，防守不易。冬季時，長城南面的中原地區，糧食收割了、酒釀好了、布織好了、牲畜肥了；北方的匈奴甚麼也沒有，草枯了、水冰了、漫天風雨、冰天雪地，人窮餓而精力充沛。匈奴來南方是騎馬而來，所謂“秋高馬肥”，馬怕熱濕而低氣壓。騎馬作戰用弓射箭，以角製膠成弓，卻怕濕氣，在乾燥西北風中最適用。

　　唐人有詩曰：“風勁角弓鳴。”如有人來搶掠，呼應鄰村來救已來不及了。故此地方大，敵人可以四方八面來騷擾，這就是流動性甚大的流寇不易被捕捉的原因。

---

16 瑪內是指匈奴出產的本地酒。——編錄者按

　　和親是受欺騙，但防禦政策不易生效，如此匈奴便來搶掠，年復一年。到漢武帝時，召集眾臣商議，定出誘殲政策。匈奴軍隊共有36方，每方一萬人，能馬戰者有36萬人，以五口一壯丁計算，則全匈奴約有180萬人，等於中國一郡，人數並不多，故可誘敵深入而聚殲之。有大臣王恢主張用此方法，漢武帝同意，於是便派遣間諜[17]，名為"馬邑之謀"。在漢帝曾被圍困之平城附近，派出間諜人員，四面埋伏於山，單于領軍前來，來了大隊人馬，但野蠻人極為機警，反而人愈文明，腦筋愈遲鈍。於是被單于識破而逃遁，和親政策因而受到破壞，於是武帝殺王恢，以便維持兩者的關係。

　　漢朝用和親，再而用防禦，最後用間諜誘殲又告失敗，因此改用撻伐政策，攻打匈奴，與匈奴作主力戰。因為防不勝防，惟有主力作戰，進攻強於退守，這是中國歷史上採取攻勢的"開山出擊"。首先要訓練馬隊，選馬種，到西域去找名馬，如汗血馬。中國與西域有交往等於斷了匈奴的右臂，於是派張騫出使西域，走遍36國，開放上林[18]作牧場，馬食苜蓿，又去西域買來鋪成草皮，養了40萬匹，民間獲知中國快與匈奴開戰，有戰功者可封侯，民間亦養馬，因此一人有兩、三匹馬了。

　　之後漢軍分兩路夾擊與匈奴決戰，匈奴敗後逃至外蒙古後，以逸待勞，主力放於沙漠以北。因此，漢軍再絕漠遠征，渡過沙漠出擊，雖可打敗匈奴，但無法擒獲首領。唐盧綸《塞下曲》曰："月黑雁飛高，單于夜遁逃。欲將輕騎逐，大雪滿弓刀。"有人說中國人尚文輕

17　間諜乃中國發明，見《孫子兵法》有說明。——編錄者按

18　上林即皇家花園。——編錄者按

武，其實不然。武帝尊崇孔子，表彰六經，仍擁有龐大軍隊，因此匈奴一直向西逃到西域，再逃到羅馬，所向無敵，變成今日之匈牙利人，西人稱為"黃禍"。

中國人要立國，東南方並不可怕，漢、唐、宋、清歷朝以來，永久的大敵在西北，故此後仍應注意西北方。清代林則徐光復新疆時曾說，將來大敵非美國而是俄國。

漢武帝的文治武功均佳，對內統一，對外平夷，但人民對其評價並不好，抱怨他太花錢。他在位 54 年，晚年後悔其做法，因為他使社會變得貧窮，其子戾太子因謀反而被殺。武帝臨死時，小皇帝昭帝立，由母后臨朝，武帝原定由外戚霍光輔政，遂封他為大司馬大將軍。昭帝極能幹，此下有宣帝，為戾太子之子，此王孫為人偷走，其母姓史，名史王孫，他在鄉下長大，跑進皇宮作皇帝，因來自民間，乃是好皇帝。

漢之全盛期是在漢武帝時期，這是定論。所謂"天下一治一亂"；"合久必分，分久必合。"又說："花無百日紅，人無千日好。"中國人說："天上的皇帝有青帝(春天)、赤帝(紅日，夏天)、白帝(白雲，秋天)、黑帝(冰黑，冬天)"，所以漢代做皇帝也有天命，換皇帝也要依時而換，一曰禪讓，二曰革命。當時漢朝有人倡議"禪讓"。

昭帝之後有元、成、哀、平諸帝。元帝為好皇帝，在位 16 年。成帝繼位後，由其母皇太后輔政。母舅有八兄弟，選一為大司馬大將軍。兄弟相繼接任，五個兄弟均做過大司馬大將軍。話說王莽之父早死不封，莽讀書於太學，謙虛好學，與人相處友善，人人讚其為大好青年，王太后亦看重他，五兄弟死後，王太后命王莽為大司馬大將軍，並封了侯。一日莽生日，有男女客人來賀，莽妻出來招待，裙只及膝[19]，莽有學問道德，治家好，名譽極高。

成帝崩，無子，由哀帝嗣任，時哀帝18歲。哀帝祖母傅姓，一日宮中家宴，莽為成帝之表兄弟，成帝之母之姪，他亦去赴宴，見中間有兩席，一為太王太后，一為傅氏太后。莽說：漢朝規矩只有一母后，嗣的不能算了，命傅氏坐一旁，傅氏生氣出走，小皇似懂非懂而不悦。當天宴畢，莽提出辭職不幹，太王太后見之亦不管，於是請傅氏管之，眾人舉莽之作風偉大。哀帝二十餘歲死，無子，但哀帝愛同性戀，是位無為之青年人董賢，傅氏死，太王太后仍在，主張王莽再出山，於是殺董賢，聲名更響，再立漢平帝。

元帝十六載，成帝二十六載，哀帝六載，當時人民認為漢之命運已絕，於是擁戴王莽為王。此乃禪讓，而非篡位。其實王非偽君子，其開頭是讀書的貧苦子弟，看其太太之打扮簡樸，可見王莽並無做王之意。當時如姑母王氏早亡，王莽無能再復出，這只是歷史上偶然事件。如傅氏多活幾年，莽亦老矣，故王莽非處心積慮，亦非篡位。即使是假裝數十年，亦算不錯矣！所以說：

(1)王莽能假裝數十年，亦極偉大；

(2)有了新的政治制度，土地收歸國有，重新分配。井田制破壞了，成為耕者有其地。

認為社會不要有貧富不均，單是平均分配土地不夠，尚需要有貨幣制度的改革。

王莽理想高遠，但無手段，只是一位書生，卻有點迂腐，而且不近人情。

---

19 古代之女裙長及於地。——編錄者按

當時説封匈奴王爵，封印仍留存至今。匈奴開新聖人任命，匈奴來朝，莽曰："天無二日，民無二王。"要匈奴換封印，只能封為侯。匈奴生氣與王莽打仗了。王莽説："做官先要調查其政績如何？好的俸高，不然打折扣，但做官不能餓着肚皮。"故王莽做事有理而無辦法，迂而不清，他死時築高台穿朝服，在高台上燒死，死得迂而莊嚴，以後的人説莽假裝而死。

助王莽篡位的是劉歆，其父劉向，父子均極有學問，他倆有很高遠理想，今日説他們壞，其實不對。有人將莽與曹操相提並論，並不通。不過王莽非政治家，他封於新，名為"新朝"。莽死，光武帝出，仍稱漢，史稱東漢。

四、東漢時期

西漢是平民王室，東漢是書生王室。

東漢首位皇帝是漢光武，名劉秀，是太學生，為人勤慎規矩，不太活動，其兄劉縯則為豪俠。村中有一女孩，劉秀見而愛之，便説："仕宦當作執金吾[20]，娶妻當得陰麗華"，可見他並無大志。但天下亂時，劉縯造反，見劉秀亦騎馬跟隨軍隊了，於是村人皆跟從之。他開始是位軍中小官，但有一次，王莽統率幾十萬大軍，被劉秀數千軍隊擊敗，是謂"昆陽之戰"。人説，當武遇大敵，勇小敵怯。有人忌妒劉縯被殺，光武日間無事，至夜間飲泣，後秀握大軍，軍中人均為其同學，其中有鄧禹者，年僅二十有餘歲，卻做了總司令，命攻

---

20 執金吾為保衛皇宮之官。 —— 編錄者按

打長安。復秀得天下,其同學均做了大官,有嚴光者,為劉秀所愛之同學,是浙江人,但秀找不到此人,原來他已回富春江釣魚去也。嚴光冬天穿着皮袍,光武認為可能是他,查問之果然是他,先由地方官代為邀請,見了嚴光,秀問道:"我比從前如何?"光答道:"比從前好了。"夜間二人同榻而臥,而嚴光竟伸腳置光武帝肚上。不數日,光欲回家,光武允之。直至今日,富春江上仍有"嚴子陵釣魚台",用來紀念此事。嚴先生祠中刻有銘言,曰:"先生之德,山高水長。"後改"德"為"風",道德是可感動人,等於一陣風。春風一吹,萬物生長。嚴光説此為一字之師。藝術品等於夏天涼風,因為嚴光不因光武為王而要求作官。光武做了皇帝,不脱舊時老面孔。此即所謂"不妨吾我"。晚上同睡,竟亦不以光武為王。歷史上,嚴光只有此一段故事,但為後人所稱頌。

為了立人,光武亦教其子讀書。漢時教人讀《五經》、《尚書》、《易經》、《詩經》、《禮》、《春秋》,謂之《五經》。

光武在太學曾讀《尚書》,所以亦找來桓榮命其子讀《尚書》。桓榮在宮中五年不得告假,其子勤學五年,桓榮欲告假介紹其學生胡憲代之,可見光武之家庭教育很嚴格。

光武駕崩,其子明帝即位。翌年明帝即入太學,請先生桓榮及先輩同學入禮堂。由皇帝本人講《尚書》,聽書者辯論,民眾均來聽,堂內滿座,連堂外邊的河對岸也有人,達幾萬人之多,轟動全京城。由先生等坐後並擔任評判。

明帝亦請先生張酺[21]教其子學《尚書》,其子為漢章帝時,張酺作

---

21 張酺之祖父是光武帝同學,酺為桓榮之學生。 —— 編錄者按

東郡太守。章帝那年去泰山封禪，途經東郡。張酺出來迎接章帝説：
"久未見師，仍為師生，仍行師弟子之禮。"張酺講《尚書》一篇，
禮畢，行君臣之禮。太守見皇帝，帝問民眾生活，年歲、治安，所以
中國的皇帝並非專制。

　　東漢非平民，而是書生王室。但憑此三個故事，可見漢朝十分像
樣。那時期不僅帝王好，王后亦好。

　　東漢的"光武明章之治"足以與西漢的"文景之治"媲美。光武
28 歲起兵，30 歲為王，活至 62 歲，作王 33 年，生 10 子。明帝 30
歲為王，作王 18 年，活至 48 歲，生 9 子。章帝 19 歲為王，作王 13
年，33 歲死，生 8 子。接章帝位的只有 10 歲，作 17 年王而死。由
小兒子接王位，出生 3 個月作王，2 歲死，只作王 1 年，無子。嗣 1
子，名哀帝，13 歲為王，作王 18 年，32 歲死，生 1 子，作王 7 個月，
無子，又嗣 11 歲之子，作王 19 年，30 歲死，生 1 子，2 歲至 3 歲死，
又嗣一子。……下為漢靈帝，11 歲起作王 22 年。下為獻帝，9 歲起
作王 31 年，活至 53 歲。

　　東漢共 13 個帝王，共 196 年，只是光武活過 60 歲，獻帝活過
50 歲，明帝活過 40 歲，是個弱勢的家庭。

　　凡是嗣來之子，一定要小孩子，因嗣子年輕，故由母后臨朝，所
以用外戚，是中國人的規矩。也用新帝王的外祖父，為母后之父，或
用母舅，並非真的。小皇帝不高興外戚，受宦官之挑撥，外面之大臣
亦認為外戚專權，於是內外聯合殺外戚，嗣之王死，又另嗣一子，太
監與大臣結合，又殺外戚，因而造成宦官專權。大臣再與外戚聯合殺
宦官。三國時有外戚何進，原為屠豬者。有袁紹聯合董卓殺太監，後
東漢滅亡。

　　總的來説，東漢前期甚好，到了後期則差矣！要國家強大，領導

人就得多活幾年。各國領導人如是老人，政治就好。

五、東漢士風

1. 興辦太學　重視教育

　　東漢是書生王室，重視教育。所謂開門授徒，是先生招收學生讀書，稱為"著錄"[22]，有達幾百人或幾千人，尤其是漢朝之太學[23]，在武帝時建立，先生稱"博士"，學生稱"太學生"，即博士弟子。

　　武帝時，博士弟子之名額規定 50 人，由郡國（地方政府）保送，規定要有 18 歲，並具備相當程度者，在太學讀滿一年後可參加考試，考後按成績分為甲科與乙科，即分為甲等與乙等。甲科者可在皇宮擔任侍衛的郎。武帝時除太監外，尚有郎。考得乙等的可回本鄉作吏，即在郡、縣地方政府辦事，如今之省政府之廳長，即為漢朝時的"吏"。如服務有良好成績者，地方長官可察舉他再送上朝廷作郎。

　　每年有 50 名學生如此，10 年便有 500 位，20 年便有 1,000 名。漢明帝時加了一倍，即每年增至 100 名。宣帝時又加倍，成為 200 名。元帝時加至 1,000 名，成帝又加至 3,000 名，新莽時則達到 1 萬 800 人；故王莽時大建校舍，達到一萬所區舍。據說王莽太學的建築中，學生跑路，"行無遠近，皆隨檐，雨不塗足，暑不暴首"，因房子均有走廊。萬餘學生從全國各處來到，學生均攜帶特別土產，大家可互相交換土產，成為一大市場。這是指在西漢時期。

---

22 即註冊。——編錄者按

23 太學即今之國立大學。——編錄者按

　　光武帝便是當時其中一位學生，東漢時學生還要增添，添至桓帝末年，每年達三萬人，這是 1,600 年以前的事。抗日戰爭時，北京大學的學生也只有二、三千人，北京八間大學的學生加起來，也沒有東漢時期的太學生多。胡適說中國學習外國的大學只有 40 年，但實際上，中國在 2,000 年前已有國立大學了，當時稱 "太學" 而已。

　　秦統一了政府，漢高祖時出現平民政府，武帝時則有文治政府出現，東漢時到處是太學生，今日政府因用人不當，太不像樣了。當時四川省有位地方官文翁自己出錢，派學生去太學，讀完回鄉在本地任職，因此四川與中央有了融合，四川的文化也進步了，今日仍有人要紀念文翁，可見好人要做。

　　故國家要有歷史才能強盛。今日之大學生只崇拜莎士比亞，而不崇拜杜工部、蘇東坡，實在是狗屁不通，我們的大文學家杜工部，有 2,000 萬人讀他的作品，而讀莎士比亞的不過 100 萬人而已。

　　只有教育可以救中國，要有 50 年以後的精神。現今世界各國都有大學在上課，應該有志氣與他們在 50 年以後比一比。

　　東漢時期做事的人都是讀書人，世界上只有中國如此，都是經過考試的。外國人只講多數，只重選舉，不一定讀書，故有政黨。中國當時重視太學生，但是因為學生多了，就清淡了。倘使發表政見時，就受政府重視了，但今日的大學生不受重視，不在精神上看重，只重視罷課遊行。教育有辦法，社會就有辦法，青年之所以偉大，因為他們正在受教育。

　　東漢時期重視太學，當時有李膺者，作河南尹（即省長），官不大，但是名氣大。東漢時之優點是不以官位之大小來看人之高下，由光武帝重視嚴光開始，做帝王的重視釣魚的，嚴光高於光武帝，故做人不一定要做帝王才算偉大。李膺好客，但不易與他見面，見過面就了不起了，謂之"登龍門"。黃河多鯉魚，愛逆流而上，其肉味好吃，鯉魚跑過兩峽河之水急處，即成龍了，因而有"一登龍門，聲價十倍"之稱。

當時有一山東省小孩，名叫孔融，一日去李膺家參加李膺大宴會，門房查問是誰，孔融答以我與李膺有通家之好，是親戚。一進去，李膺並不識此小孩，問之，孔融答道："我的祖先是孔子，你的祖先是老子，孔子問道於老子，故有通家之好。"李膺便讓孔融上座。又有一客進來，李便介紹孔融給他認識，那客人道："小時了了，大未必佳。"孔融反唇相譏道："你先生大概是小時了了的吧！"劉備最重視孔融，有一次孔融向劉備討救兵，當時黃巾造反，但鄭玄家鄉百里不得侵入。

當時有太學生郭泰來訪，李膺便不接客了。郭泰訪畢回山西時，在黃河擺渡時有數百官民相送，郭對李膺說："有李先生可陪我過黃河，此外的客人不必相送了。"送一個太學生如此隆重，於是大家見到郭李同舟而渡，中國人稱為"仙侶同舟"。

東漢之所以偉大，在於整個藝術的人生，郭泰一輩子做學生，政府請他做官而被拒，又稱為郭林宗。

劉備三顧草廬，劉是四十多歲之皇族，諸葛亮是二十多歲，卻如此被看重，是由東漢士風而來。

郭泰（林宗）受人看重，他可說是一位大教育家，也是社會教育家，聲名極盛，他很重視培植人才。一日在路上遇大雨，與鄉下人同在大雨下避雨，鄉人談吐粗俗，但有一年輕人，神態莊嚴，郭泰見其德性厚，不苟言笑。雨停，郭問其居何處？郭欲留宿其家，尚欣賞此青年人，想察看其性情。此人有一母，郭晨早醒來，見此年輕人殺雞，煮熟後請母親吃早餐，然後再請郭吃，但無雞，只有青菜蘿蔔。

郭勸青年道：“你不應在鄉下，應去城中上學。”郭見此人殺雞請母，人無機心虛偽厭詐，郭一推薦便成功，後來成為東漢一人才，此人即是茅容。

郭泰是山西人，一日在路上，見前有一人持着一個用繩繫着的沙罐，但忽地繩斷罐跌地而破，但此人頭也不回地一直向前走。郭問何以不回頭看，此人答道：罐已破碎，看它何用！郭大讚此人了不起，便又介紹他去讀書。此人即是孟敏，後來又成了名。

郭泰能觀人於微，得天下英才而教育之，今日郭泰(林宗)如在香港，可能也會在街上找到人才。

一日，郭行路時遇大雨，所戴布巾(古代之帽巾)之一角塌下，次日，只見路上行人都把布巾一角塌下，因大家均效法郭林宗之故也，可見其名氣大，此乃人格之改造，真是所謂風流人物，能感動人，使社會精神有所改造。

可見當時的社會相當了不得，郭未寫過文章，也不知讀過甚麼書，做官他也拒絕。郭泰看重人之德性，如茅容、孟敏，他都因材施教。各人天才不同，重德性即重視日常生活，當時的人對日常之人生有細微的批評。

當時有江西人徐孺子者，死後人去弔喪，全國領導和學者都有去。其中一位客人去弔，人們都不認識他，他帶了一隻雞，一束毛，用酒從帽巾滴下，祭後即離開，人說此人是茅容，果然猜中了，可見漢朝時對各人的私生活是很注意的。

每年都有人由地方政府把統計報告送去中央，有的或去參加大典。有一人自遠方去長安，過函谷關時遇大雨，其馬倒臥途中而死，旁有一客人說：“我的馬借你騎去吧！”但忘記借馬之人往何處，此人騎馬辦完事回來，不知如何歸還此馬，便沿途打聽，終於找到了馬的主人，歸還了馬，此即說明東漢時人注重私生活，此是一種德性之表現。

　　新文化運動即是認真生活，大家都很注意，也有批評，例如女子放足、剪辮、打倒封建、罷課遊行等，實在沒有甚麼新的人生可言。今日人之生活已無情趣，人可以不講藝術，但至少要有情味。能懂得吃穿的好壞。魯迅只看出阿Q，卻沒有看出茅容、孟敏。蒼蠅只聞臭，蝴蝶卻聞香，魯迅只知臭而莫知香。我錢某講歷史是告訴大家何處有一盆香花，所謂"十室之邑，必有忠信；十步之內，必有芳草。"此之謂也。

　　我錢先生很愛讀東漢時期的歷史，我們應該來寫一本東漢故事集，對兒童將會影響很大。

2. 黨錮之獄　摧殘士族

　　東漢之所以失敗，乃由於上層政治之黑暗，又有所謂"黨錮之獄"。"錮"，用銅鐵之鎖封住，不得解開。意即一羣人被封閉起來。東漢有一批名士，如郭泰、徐孺子、李膺等人均是。李膺是名士，亦是大官，名士在台上與太監宦官發生衝突，於是將之下獄。

　　東漢黨錮之獄有數次，第二次有張儉作督郵，即今之公安局長。地方上有一位叫侯覽的，山陽人，在京作太監，其親戚在地方上橫行霸道，張儉上奏章，彈劾其家族之黑暗，公文被壓下，張儉痛惡之。一日路上遇侯覽之母，張儉殺之，共殺一百餘人，連雞狗亦殺之。漢靈帝知之，責張儉道："你是郡吏，何以不用法律處理，而濫殺無辜。"於是張儉逃走，政府下令收留張儉及其家人者殺，但張儉逃到哪裏，躲到哪裏，向北至孔融家。張儉與孔融之兄為友，孔融之兄不在家，孔融說可作主，便留張儉住一宿，因而孔融被捉，融之兄出而承擔責任，說融尚未成人，不能負責。孔氏兄弟爭着要承擔此罪責，中央下令殺孔融之兄。果然是張儉之不是，但侯覺亦混蛋。張儉一直逃出山海關。政府不應再殺此種義人了。政府為了張而殺了無數人，實不應該，可見漢朝之黑暗，借此而欲一網打盡，全部下獄。其中有湘之范滂亦被捉。知縣接此公文後不上堂而哭泣，范滂說："一定是中央要捉我，知縣不願捉我。"范於是自己去公安局投報。知縣是好官，范自上囚車時，母與二子同送，對母說："吾不孝，不能侍奉老母，而犯罪入監。"母說："你能與名士李膺等一同下獄，吾心喜甚！"父對二子說："我此去不回有話教訓，壞人不好做，好人如我亦不好，我是先生，你應學做范滂。"可見漢朝此時政治黑暗，應該完結，今雖有大亂，但前途仍有光明。

有位大將軍上奏章給朝廷，說："我亦屬於這一黨，為何不拉我下監？"此乃黑暗(指太監)與光明(社會人士)在鬥爭。

幾次殺黨錮，就有殺太監，當時外戚何進與名士袁紹聯合，袁之四世三公做五院院長，袁家門生故吏滿天下，袁紹之母死，紹在墳前讀書三年，所謂"盧墓三年"。袁亦是太學生，回家時有幾百輛車送他回家，後何進聯合袁紹、董卓殺太監。董卓欲立皇帝，袁紹反對，聯合十八州討董，以下名士很多，如諸葛亮、周瑜、曹操……等均屬。

佛經中說，凡事有四階段，成、佳、壞、空是也。人亦有四變：生、老、病、死是也。任何事、物、人，均要經歷如此階段。

秦漢大統一，西、東漢400年，結果統一政府歸為烏有。歷史永遠是如此。這是循環的，事情是人做的，人有四個階段，此即天運循環。今日世界各國均有此四階段，即是由希臘而羅馬，而英、德、法，再而今日之美、蘇。他們是空前絕後的。中國則永遠有後代，既不空前，又不絕後。

再就宗教來說，佛教是輪迴的。基督教則沒有，拿小事情即可講哲理。

3. 權臣當道　禮賢下士

自有人類以來，稱始皇帝者為第一之偉大。袁紹、何進結董卓殺宦官。當時董卓是帶兵殺青海、西藏之亂民。董殺宦官後要立獻帝，袁紹聯合十八州討伐之，董卓帶獻帝到長安。袁紹想自立為王，故不再討伐董卓，漢相王允串通呂布殺董卓後，長安大亂，王允死，呂布走。卓手下分郭、李二派，一邊擁有大臣，一邊擁有皇帝。雙方均可代表政府，小皇後來自陝西逃走，途中艱難，至黃河時要渡過黃河，不是出函谷關。船在水中，皇與后妃用絲綢帶吊下船，背後有追兵到來，船很小，人從岸上跳下來時有落水的，後渡過黃河到了山西，在一小村停下來，鄉民提供王室食物，王與眾臣在農家開會，鄉民們爬上籬笆來看熱鬧，使籬笆塌下，皇帝失去尊嚴，再循黃河逃回洛陽。由於董卓用焦土政策，洛陽之宮門與衙均已付之一炬，只得在壁下搭一草蓬，作為臨時衙門。

公務員沒有發薪俸，而且下辦公後自己去找尋食物。此時已無處求乞，只得去尋黏吃，黏是野生的稻，為爛米所生長的芽，但吃不飽，有餓了數天而斃命的，此時期的漢朝中央政府已完蛋了，已無人看得起它。

但此時之曹操有眼光，有他出來收拾這塊舊招牌。他採取封相，挾天子以令諸侯，又東征西討，竟統一了天下。曹操首先只利用獻帝這個小孩而已，他見獻帝十分驕傲，獻帝之伏皇后，其家是書生，秦時即有伏生將《尚書》藏於壁中。伏后父聯合朝臣欲有所動作，曹操即派人去捉伏后，派華歆去查。華與其友管寧在花園中耕地（當時自己在種菜），當時掘出一塊金，管寧視而不見，華歆見而動心。自此管寧即與華歆絕交，管寧去了遼寧，華歆則在曹操手下辦事。曹因好賢禮士，欲請管寧回來，但仍不任官職。伏后藏於壁中之貨未能查出，此事猶如特務跑進皇宮搜查獻帝。曹操辦事一切都能幹有為，但有政治上不道德的缺點。因為曹如此對待獻帝及伏后，實不應該，因此有人不佩服曹操。

袁紹下屬陳琳曾作《討賊檄文》，紹敗而琳被曹操逮捕，曹先讚琳所作討曹文辭章優美，但責曹罵曹可，而罵其父母則不可，實太過份。

曹操並特別重視劉備，劉敗歸操後，曹對劉説：“天下英雄，唯使君與操耳。”劉備出身於貧苦家庭，聽曹一言，手執筷子震落墮地，劉是裝作無用之人，免被對方看出。

曹操待關羽亦極好，派張遼勸關羽降曹。關滿有義氣地説：“曹公待我不薄，我要報恩後再走。”張遼兩面為難，張以實話對曹說，曹又封關為漢壽亭侯，後來關公殺顏良斬文醜，曹恐關走，更加倍厚待之。關始終不為所動，掛印封金而走了，曹操對下屬說：“各為其主，不要追他。”小說上說關公過五關斬六將是假的。這就是曹操為人的優點。

劉備在荊州遇徐庶，介紹諸葛亮，劉備於是三顧草廬，諸葛當時是二十多歲青年，劉已是四十多歲，是漢室王親。

曹操打到荊州，扣留徐庶之母，欲請徐母函庶來為曹做事。徐庶知母被曹扣留，方寸已亂。雖身在曹營，但並未為曹做過任何一件事。有本事而不肯用出來亦是偉大之人物。

曹操又請司馬懿，司馬託病而辭。夏天司馬曬書卷，一陣大風吹來，立刻將書卷收起。三國時期，地方領袖各自為政，誰也不佩服誰，大家互相殺伐以搶奪政權。曹與司馬各懷鬼胎，以消滅對方為努力目標，政爭永無了期。此時如有一大人物出現，能不以殺人而服眾，則大佳矣。

後來南朝宋順帝劉準曾說：「願世世無生帝王家」，因做皇帝實在可憐非常。

六、東漢末年亂象

東漢末年，一片戰亂現象，先有黃巾之亂，再有董卓之亂，再是十八州聯軍禍亂，接着是曹操與劉備、孫權之爭霸。曹操之所以不能統一中國，絕因眾人不服所致。

諸葛亮在舌戰羣儒中說：「曹操名為漢相，實為漢賊。」後來終於吳、蜀、魏三分天下。

魏都許昌，蜀都成都，吳都南京，按照歷史來說，曹操忠於漢室，可能統一，但曹又想奪取漢之政權。曹操自比周文王，三分天下有其二，其子魏文帝丕，是獻帝讓給，實篡位也。當時劉備、孫權亦均作王，三國中土地最大，人才最多，北方一大幅土地在魏管治下，自丕作王後，政權已入司馬懿手中，「你能奪人，我亦可奪你。」因此魏國大權已為司馬氏所掌握。

司馬懿死，二子師、昭更為跋扈，無君臣之禮，丕死，有齊王芳（芳為丕之孫），僅 23 歲，司馬師欲廢芳，迫芳之母廢芳，皇太后想說情，手下勸其速將玉璽交出。芳廢後，高貴卿公作王，師死，改司馬昭。一日，三大臣商一事，說要打倒司馬昭，「司馬昭之心，路人皆知」，因昭欲篡位。高貴卿公立刻決定執政，但其中兩臣又歸向司馬昭，可見政局混亂而黑暗。某日，王與昭在街上相遇，昭手下不敢攻打對方，賈充手下成濟問怎麼辦？賈充答道："（司馬）公畜養汝輩，正為今日耳！"於是成濟將高貴卿公刺死，司馬昭見王死而假哭，結果成濟被殺謝罪。此時人已無道德良心，世界已大亂，後司馬昭之子炎篡位，是謂黑暗時期。

當時人亦不佩服司馬氏，昭欲其子配親，選一有名望家族之閨女，看中與陶淵明齊名之阮籍之女。阮籍是位詩人文學家，其父在曹操屬下辦事，與陳琳齊名。阮籍不敢公然反對，整日裝傻喝醉酒，如此歷時三個月而拒婚。昭當時找到經學家王肅，王與鄭玄齊名，於是與王肅配了親。

司馬昭得天下，稱為晉朝。昭未得天下時，蜀已滅，得天下再滅吳，中國統一。當時有大臣何曾回家說："我們皇帝得天下後，未講過國家大事。"告訴兒子說："孫子沒有好日子過。"此因何曾見魏國大臣後作晉臣。何曾自己則"日食萬錢，猶曰無下箸處"。何曾私生活如此，可見亦不是一個好人。

晉武帝得天下後，不理天下事，擁妃子極多。下午三四點鐘出宮，坐羊車去妃子處過夜，羊車停留何處，便在此家過夜，其中一妃知有此習性，便在門前撒鹽水，俾使羊停下來喝鹽水，使武帝在此家歇宿。此人連找對象都不肯用腦筋，更遑論國事了。這便是晉開國皇帝之作風，其子惠帝配賈充之女，為出名之賈后，惠帝卻是神經病白癡。

當時是荒年，惠帝說："百姓無粟米充飢，何不食肉糜？"可見亦是昏庸之人，賈后則極壞而荒唐，與婆婆楊皇太后鬧意見，命惠帝賜死太后之父楊駿，太后一家被殺，自己披髮上表，自稱妾，求留楊駿之母命，禽獸尚認識其母，賈后不理。當時有太學生入太學，在大禮堂講說做人道理，説今日社會如此情況，天下安得不大亂。人理已滅，社會不可救藥。故晉朝大亂，西晉統一沒有幾年，是"迴光返照"而已。

曹操、司馬懿等輩打破了君臣倫理關係，一切禮儀制度隨即打破，故社會垮了，人倫滅了。

第四章　魏晉南北朝時期

一、時代價值淪喪

1. 時代精神概說

魏晉南北朝是中國統一後之中衰時期。

漢獻帝建安二十五年是魏文帝元年（曹丕篡位），亦稱曹魏。建安二十五年前則稱東漢。

篡曹魏的是晉司馬炎。晉篡位，再過 16 年，吳亡。接下來有賈后之亂，又引起歷時 56 年的八王之亂。

西晉有武帝，下有惠帝、懷帝、愍帝，共四朝。愍帝被胡人捉走，謂之"蒙塵"。其後西晉南渡，往長江以南偏安，謂之東晉。此時長江流域由東晉管治，黃河流域由五胡管治；東晉國祚 103 年，接下來分別為宋 59 年，齊 23 年，梁 55 年，陳 31 年，相加總計為 271年，統稱為南朝。

北方之五胡則管治 136 年。最後為北魏（鮮卑族）所統一，亦稱拓跋魏，又稱元魏。與宋同時，有 157 年，統一北方只有 94 年（東晉與五胡同時），其後分裂成東西魏，東魏 15 年，西魏 22 年；東魏變北齊 28 年，西魏變北周 24 年，統稱為北朝。及後北周滅了北齊，隋篡北周，又平定南方，中國再統一。

上述共歷時 392 年，嚴格來說只有晉武帝的 15 年至懷帝為匈奴所捉的時間內，是統一中國，故可說是中國的分崩時期。此一時期，南朝是宋、齊、梁、陳；北朝是元魏、東魏、西魏至北齊、北周。

　　當時中國不但不統一，是無一共同信仰，如有信仰中心，始可民族團結，但此時已失去中心。

　　古代中國，西周為政治中心，春秋之亂，有管仲出的尊王攘夷；戰國時期則有孔子的共同思想，漢朝以後之政治，其中央政府之學術思想是孔子。但東漢末年，政治思想推翻了，黨錮之獄將好人下獄，備受壓迫，正如范滂所說，已到懷疑時代。五四運動便是要提倡懷疑，重估新價值，這是可怕的。懷疑是黑暗的開始。范滂以後，曹操出來招賢，不忠不孝沒有關係，只要有本領便錄用。因為曹操不講忠孝之道，所以不能得天下。到了司馬懿有了改變，可以不忠，但重孝道，當時有二十四孝，如王祥臥冰等。

　　今日有人提倡要忠不要孝，可以無私德，只要忠於主義。但今日五四新文化運動之一是懷疑，重估新價值，因此有的青年消極腐化了；有的走上壞路。今日的香港台灣，仍是延襲五四餘波，仍未定出一種新價值，共產黨重視農民革命，五四運動尚有其價值，但新文化運動卻完全是胡說。

　　認識中國歷史，應要掌握每個時代的精神價值，才能真正理解歷史的發展，並應對本國歷史存有應有的溫情與敬意。

　　漢代以後中國講孔子，東漢末年則持懷疑。曹操則說做壞人；晉人說要倡私德，做好人；五四運動後，好人與壞人沒有標準；共產黨則定出了標準。有佛教進入中國，入世悲觀並無意義，因此主要出世之道理。人死後尚有生命，於是入世就隨便做壞事。自十六世紀到二十世紀以來，西洋並無政治共同中心，各國分裂，但有耶穌之共同信仰，經過文藝復興、宗教革命後，分裂為天主教與基督教，基督教則又分為數十、百個教派。

　　同時西方的信仰中心已較中古時期衰落。因科學打倒宗教思想，獎勵入世，為財而打倒人家，專講肉體，是謂文藝復興，入世心強，主張個人自由，出世觀弱了。

今日西洋人敵不過俄國，因為無思想信仰中心，故主張復古，回到中古時期，光講自由是沒用的。

佛有"佛、法、僧"三寶，"佛"指已死的，"法"指道理，"僧"是指生的人。如照基督教講法，佛是上帝，法是耶穌，僧是牧師。宗教只是人生社會之一面，不發生最高作用。

香港只能說是一個機械的中心，水、電、娛樂、巴士、輪渡……其實是同牀異夢的。心情各不相同，是唯物的機械的社會，英、美、法可說是唯物的社會。俄國則是唯心的社會，是管制思想、靈魂、教育的。英、美在利害關係上一致，並非信仰道德上的一致，史太林、毛澤東是理論上一致，是抄襲天主教的道理。總之，社會應有一個共同的信仰。

2. 民族融合

胡人入侵後有五胡亂華。以血統論，可稱為自然的民族，是沒有跑進歷史前的失史[24]，進了歷史應另有文化的民族。如今日的美國一般，是各國人民的混合，稱為歷史的文化的民族。這是跟自然基礎來的。

春秋時代華戎雜處，戎狄之血統與中國人相同，姓姬、姜等，戰國時期同化了遊牧民族。秦始皇統一中國後，有了統一的政府與民族文化了，不稱雜處了。

---

24 失史，指沒有文字記載的史事。——編錄者按

中國是大國，開始時漫無疆界，並不像遠古時期的埃及、巴比倫、斯巴達、雅典及羅馬之有小國。中國則甚奇怪，堯、舜時不知有國之境界，到秦以後才知道，並且有版圖的確立，民族的搏成。中國古代堯、舜、禹、湯、文、武、周公時期，管治並無國界觀念，及後才有天下觀念。

中國人視天下為家，捨己為人；而外國人對國家、地方觀念均極為看重，中國則天下一家。西洋人說文化如小孩，放在搖籃中慢慢長大，中國則把小孩放在田梗間，亦自然地長大了。

秦朝時統一，外有四夷，與匈奴用防禦、和親、攻打之法，後來允許匈奴入住中國，因長城以外不適。於是同一生活，所謂"四海之內，皆兄弟也。"羅馬人征服了外國人，便要他做奴隸，中國人打垮了匈奴，請他進入長城以內入住。

西漢時就有匈奴南遷，至東漢時期則更多。匈奴南遷至山西的特別多，他們的工作和教育均與中國同一待遇。

魏晉時大亂，這些人造反，就是五胡亂華，因中國人的胸襟並不寬大。尚有少數民族氐、羌，都在西北部的陝、甘、寧、青等地；也有鮮卑人在中國的東北部；也有羯，是匈奴的一部分，可能非同一血統，以上連匈奴，合稱五胡。開始是匈奴，最後成功的是統一北方的鮮卑，稱為元魏。

中國的邊疆，以東北部最為麻煩，鮮卑、遼、金、清，均從東北面發起。起初匈奴捉拿晉帝，晉南渡後成為東晉，北方則成為五胡十六國。

魏晉以下為南北朝。所謂"衣冠南渡"，即上層文化人來到了南方，尚有留在北方的。當時中國社會是門第社會，亦可稱郡望。如諸葛亮，是琅琊人，是大家族、大門第，是世代做官，如家世二千石，相當於今之省長部長。

黃巾之亂起，門第避難，諸葛亮逃到襄陽隴中，但其兄弟一在吳，一在北方跟從曹操，均是了不起人物，因諸葛亮是門第出身。尚有魯肅，亦是大門第，擁有兩大米倉，其中之一送給了孫策。又如袁紹有四世五公，做到院長之流。

中國今日之社會已不是實行封建制度，社會上並無團結之莊園勢力，故受人欺侮，因為是分開的、個人的，故吃了不封建的虧。今日中國社會只有政治勢力，並無封建勢力了。

當時的門第有勢力，有其封建勢力，故稱胡漢合作。五胡亂華時，並非全是胡人，乃是胡漢合作，逃到南方的只有幾十個大門第。

二、北朝

外國人進中國後，同化成中國人，亦看其為自己人。今日我們稱五族共和，漢、滿、蒙、回、藏，應團結成一個民族。

南宋的岳飛和文天祥，將蒙古人當成蠻夷，但到今天 [25] 我們又有人在紀念成吉思汗，表面似乎有點矛盾，但這其中的歷史變化，是要客觀地講。將南宋時期的蒙古說成是外族入侵是對的，同理，當時南宋要反抗入侵也是對的。當時有人提倡不能刺激民族的感情，但人類歷史發展不同階段確實存在的事實，也是不能隨便否定的。

胡人跑進中國，如說異族統治中國，不十分妥。故可稱為"部族統治"，較為合適，使文化教育摶成一民族。部落可以算一個小範

25　指 1950 年代。——編錄者按

圍，只要在中國，就一視同仁，政治是中國人的政治，如漢人，因政治是代表全國性的。

但蒙古人建立元朝，是用代表蒙古人的政治，故壓制外國。如殖民地時期的香港，是代表英國人之政治，沒有一視同仁。滿、蒙族人，跑進中國均代表其各自的政權，故稱部族政權，我們當他是兄弟，但他們沒有把我們當兄弟。

今天希望各族共和，但從前是異族。在中國二十四史中根本沒有專制政治，沒有封建社會，這只是外國人說的。人不是血統的，是文化的，沒有文化教育，國家就危險，自己不承認是國家，外國也不會承認，就會變成遊魂。

有胡人接受並了解中國的部分文化。有匈奴人劉淵之劉姓是外婆家之姓，是五胡亂華時之第一人在中國的太學讀書的。

羯人石勒是被人販賣的奴隸，才華了不得，後來做了領袖，不識字，叫人唸歷史給他聽，他猜中了十分之七。石勒有一天問人道："我在歷史上可與何人相比？"人答："無人可比，但可與古代皇帝相比。"石勒說："何以如此瞎說，我不懂嗎？我如遇漢高祖，情願做韓信、黥布；如遇漢光武，則與他較一日之短長；至於曹孟德、司馬仲達，取人天下於孤兒寡婦之手，則我不為也。"石勒雖不讀書，但很了不得，他已接受了中國文化也。近人戴季陶說："孫中山先生可比堯舜禹湯文武周公，可比美國華盛頓。"但沒有孫中山，仍是有中國，這是不講道理。今日人自相殘殺，專門崇洋，前途不堪設想。

後來有氐人苻堅，幾乎統一北方，他重用王猛，學齊桓公用管仲，齊稱管仲叔叔，苻亦稱猛伯伯，講經學，其他經都有人講，只有《周禮》沒人講，後來請了宋老太太來教《周禮》，中國人規矩，男女授受不親，便用布幕遮着講。可見苻堅提倡中國經學。

符堅亦尊重佛教，因只講中國不喜歡，故佛教在北方很通行。符堅請了西域王子鳩摩羅什後，傳授了幾個弟子。王猛死前曾告訴符堅，不要攻打南朝。符堅並不理會，堅持向南方進軍，最終在淝水之戰失敗。

這是胡人在北方的漢化過程，待到北朝漢化完成，中國文化得以保存下來，可以流傳直到今天。因此，如要學習外國人，就應該向石勒學習。

三、五胡漢化

鮮卑族的漢化是五胡漢化中最成功的一族。因為它處於中原農業區的東北部，較接近中原文化地區，故此較易吸收漢族文化。及後建立北魏，統一了十六國，建都平城(山西大同)。

中國的國防線，河北省只有一條，經山海關到南口；而山西則有兩條，其一為雁門關，其外為大青山，雁門關外已是塞外地域，因為基本上已無險可守。故此，山西省較河北省易守，始終有大青山天險可恃。中原文化區則在東漢、西晉時期皆已經營過的洛陽，然而，經歷東漢末年董卓之亂後，早已破壞，再經西晉劉淵、石勒等多番侵擾，最終變成殘破不堪。

符堅建都長安，大批人士逃離，遠走至甘肅、寧夏、五涼等西北地區，稱為“塞外江南”。士大夫避難五涼，尚有避難東北的，也要與鮮卑人合作，及後符堅又攻陷五涼，中原的知識份子雖逃難至邊境，但都不能避免，需要跟鮮卑族人合作了。在此條件下，鮮卑人的漢化水平特別高，因此最終出了北魏孝文帝的“漢化政策”。他做皇帝後，先由其母攝政，直至 25 歲時親政。他主張極端漢化，親政後的第一項政策，就是主張遷都平城（山西大同）。大同有雲崗石窟，與中國的宗教藝術有莫大關係。大同天氣嚴寒，地方不大，可耕之地不足，但孝文帝有統一中國之雄心壯志，故此，不久後便希望尋找更大的都城，以發展勢力。由於南京距離太遠，難以遷移，故此退而選擇遷都洛陽。但鮮卑貴族皆不願遷都，只想在平城苟安。加上洛陽地區濕熱，鮮卑族人更難適應，所以均反對遷都。孝文帝遂提出帶兵親征，時孝文帝只有 27 歲，正值盛年，眾人亦不便反對，大軍行至洛陽，適逢滂沱大雨，大軍不得不滯留在洛陽附近，孝文帝趁機提出遷都洛陽，大軍不回平城，朝廷眾將礙於形勢，不便反對，遂確定了遷都之事。最重要的是，孝文帝更在此時期大力推行漢化政策，下令規定：

（1）禁鮮卑人穿着胡服。

（2）禁講北語（胡語）。當時中國士人李沖説：“四方之語，竟知誰是？”（意即誰講的話對，並沒有一定。）“帝者言之，即為正矣！”（意即以皇帝所説的為標準。）北魏孝文帝説：“沖之此言，應合死罪。”（意即你的話是犯了死罪）。[26] 可見北魏孝文帝很努力推行漢化。

（3）禁北魏鮮卑人歸葬，死在何處，便葬在何處。使大家可安心在洛陽定居。

（4）更改鮮卑姓氏。孝文帝姓拓跋氏，改姓元，自稱元魏，唐中葉與白居易齊名的元稹，即是鮮卑族子孫。又如姓長孫的，唐初宰相長孫無忌，也是鮮卑族後代，總計此時期。共有 112 個鮮卑姓氏改成中國姓。在唐代，也出了很多大人物，都是有鮮卑族血統的。

---

26 見《魏書·獻文六王列傳》。—— 編錄者按

（5）獎勵鮮卑人與中國人通婚。孝文帝自己擁有四位王妃，即太原王氏、榮陽鄭氏、清河崔氏與范陽盧氏，以上為北方出名的大家族，崔鶯之母即鄭氏，提倡混合漢化。當時鮮卑人反對的很多，其兒子亦不喜歡，又反對遷徙到大同，因為北方可以打獵，不愛穿華服，又想逃回老家，後來被賜死。

北魏孝文帝起用大量漢族士大夫，又建新洛陽，今天流傳《洛陽伽藍記》一書，內容專述洛陽有多少寺廟，可看出整個洛陽的市容。足以與西方現代名城巴黎或柏林媲美。北魏孝文帝 27 歲南征，29 歲遷都，是位青年皇帝，可惜他壽命不長，33 歲逝世。倘能再活多幾十年，全國有機會可以統一，歷史可能也會變成另一種樣貌。北魏孝文帝漢化後，鮮卑人變了，生活也逐漸變得奢侈而舒適。我喜愛洛陽，它代表中原，山平水遠，輕裘緩帶，和平寬博，太平安逸，易使人平俗。

鮮卑內遷後，北方由另一外族 —— 柔然族 —— 盤據，故在北方需留軍隊駐鎮防守，留駐的均為皇族，因此，遷移至南方的，成了文化程度高的文人；留駐在北方的，則仍是尚武的外族人，故鮮卑族被分成兩個不同性質的族羣了。兩者的差距漸大，故此，最終引致北方的鮮卑族羣不滿南方的鮮卑族羣，而南方的鮮卑人被打垮了，於是北方人打進洛陽，此輩濁流打進清流。今天中國社會分成兩個對立集團，發展也是如此。因此，在一個民族中間，不能突出高文化的羣體，更不應看不起低文化的族人。

但北魏孝文帝的理想並不錯，為時只有 5 年，後人只學到生活上的享受，卻沒有學到孔、孟之道。今日我們學歐洲人的長處是可以，但只學到坐汽車、穿西裝、吃西餐，都是太膚淺了。應該同時學習他們優秀的地方才好。

元魏後來又分成東魏與西魏。東魏後為高歡篡位，改稱北齊，建都鄴；西魏為宇文泰所取代，國號為北周。北齊富庶而地大；北周地小而貧窮，但地區內漢化程度較高。最後由北周滅北齊，統一北方，北周仍持續推行漢化措施，胡人復興最終仍依靠推行漢化的成果。

北魏分裂成東西魏。宇文泰任用蘇綽為西魏宰相，請他改革政制。蘇綽是用《周禮》的第二人(苻堅時期曾請一老太太講《周禮》)。蘇綽有友名盧辯，兩人同研習《周禮》，當時北齊有熊安生，對《周禮》素有研究。北周滅北齊時，熊吩咐手下打掃廳堂，說今日有人會來拜訪我，後來果然有人來訪。

蘇綽四十多歲死，死前告訴其子說："有件事心中不安，為了國家而賦稅加重，你以後為政，應減輕賦稅，切勿忘記此事。"後來其子成為隋朝財政學家蘇威，隋代在中國最為富庶，賦稅也最輕，只要鄉里中有一錢，便是一光明，一揚開，光明就來了，謂之"一線曙光"。

北周滅北齊後，隋朝楊氏篡位，再征服南朝，北方五胡亂華遂告一段落，漢族重歸統一，此乃北方之情況。

四、南朝

西漢時期，中國重視經學與儒家。東漢末年黑暗日子來臨，書生沒有出路，范滂對兒子說："好人壞人都難做。"故當時看重老莊思想。魏時有王弼註《老子》書，晉有郭象註《莊子》，因悲觀消極不談政治而講清談，可稱是玩世的哲學。老莊原是隱遁出世之人，也就是玩世不恭，混日子過，態度不嚴肅，卻仍在政府做官。

石勒打倒晉後，捉到當時名臣王衍，要他說出晉失敗之原因。王

衍説：“此非我之責任，因我的主張不能實行。”勸石勒做皇帝。石勒
對王衍説：“君名蓋四海，身居重任，少壯登朝，至於白首，何得言
不豫世事邪！破壞天下，正是君罪。”可見石勒偉大，見識亦了不起。

王衍一生從不説一“錢”字，其太太某日晚上在其牀上鋪滿了錢
幣，讓其醒來時可以談到錢字，但王早晨醒來時命婢女道：“拿掉阿
堵物。”王清高，其太太卻最喜歡錢，但他不管家事，很糊塗，這種
人名氣很大，有的地方常人不可及。

民國時人吳稚暉活到八十多歲，清時參加革命，到今天他從不負
責，一輩子不開工做官。他一生不坐人力車（即黃包車），上車時行李
自己提，一身破衣服，抗日戰爭期間到重慶時，已有七、八十歲，住
在某藥房之一間小屋中，生活清苦，做事認真，但對國家大事並不提
意見。但今日已沒有像石勒那樣的人干涉他了。吳氏可説名揚四海，
何得言不豫世事。如蔡元培者亦如此，都是養清望之人。

石勒並沒有殺害此等養清望之人，只説他們衣冠神氣像樣，代表
中國文化，不可殺，擺放着又沒有用。現今也有這一類人，他們代表
着一個社會，甚麼都好，風流神韻非凡，但事情卻壞在他們手裏。

東晉南渡後仍是清談，玩世不恭之風仍是照常，可見易風移俗之
不易也。

《世説新語》是一部兼有文學、歷史及哲學的好書。自東漢末年
起，完全可講述這些故事，《論語·子張》曰：“雖小道，必有可觀
者焉。”故不可一筆抹煞。

王羲之的兒子王獻之愛竹，每住一處，立刻命人在其住處周圍栽
竹，他説：“我不可一日無此君。”他認為竹最清高。有人告訴他某
家之竹很好，於是獻之就於某日去看竹。該種竹之文人家便準備以
待，王獻之去到後，一直跑入竹園中，主人卻在廳中等待。他看完竹

便走人，主人也得不到相見，弄得主人生氣了，便將大門關閉不讓王獻之出去。王説，這個主人好，要與他談談，恭恭敬敬要請他見面，他不願，直到關起門來才願相見。《世説新語》中便有這一類故事。

這種是當時讀書人的藝術精神，是令人欽佩的。

當時東晉有位大人物，名叫桓溫，他帶領軍隊想統一中國，但未成功，有王徽之者，在桓沖手下作騎兵參軍，但不管事，當時人認為他很了不起。其實學老、莊應到山上去，桓沖問徽之，不知道，説管馬。問有多少匹馬？王徽之説："不問馬。"。《論語》中有一典故，有火藥庫爆炸，孔子問："傷人沒有？"孔子只問人，不問馬，故王徽之説："不問馬。"不管馬死了多少匹，徽之説："未知生，焉知死。"徽之説："西山朝來，致有爽氣。"對這種人只有用石勒的方法，只和他談天氣可也。可見魏晉時人不可能有甚麼作為了。

後來桓溫想統一中國，東晉手下亦不幫助，到了洛陽亦不能説。桓溫在北方遇王猛，但王猛不肯去南方。

宋、齊、梁、陳四代中，最有名的是梁武帝，他出身是一位好書生，篤信佛教，其子昭明太子，作《昭明文選》一書，此是《詩經》、《楚辭》之後的一部重要著作。梁武帝之私人道德與漢文帝、康熙帝相同。他信佛法，吃素、穿布衣，關心政事。其後發生侯景之亂。

北方守舊尊孔，南方有新潮流、新思想。北方是胡漢合作，漢人起來統一中國。

五、宗教信仰

1. 中國傳統宗教

佛教進入中國是一大問題，西方人看中國沒有宗教，覺得很奇怪。但中國人是有古代的信仰。

西洋人主張一神教，認為很高級，認為多神是低級宗教，這是西人的説法。其實，佛教並不低於基督教。印度尼赫魯想自己搞點花樣，非美非華，至少他有野心，中國人卻睜開眼睛跟人跑。印度氣候暖，覺天地豐富，故信多神；阿拉伯是海邊沙漠，覺得地很簡單，故選一神教，宗教之緣起，實由環境不同而生。

中國人信多神而又分等級，最高級的是上帝，中國人奇怪的是信天，信上帝。但普通人不能與上帝溝通，只有天子代表可祭天。袁世凱亦祭過天，只有中央政府才有天壇，讀書人從公而祭孔子，是公的而非私。西洋人則對上帝親切，但中國是等於派代表，不如西洋人之與上帝可以交頭接耳（如與神禱告）。

當時西人如英、德作戰前向神作禱告，求神幫助。中國則不然，只有天子作代表，兩種方式究竟何者為對，很難説。

中國在上帝之下，尚有土地公、財神、海神、城隍，分頭掌管。中國講忠恕之道，西方人認為多神是低級，城隍、土地下面尚有偶像，西洋只有一神，故不能畫出偶像，西方人説低級，是拿不平等的眼光來看人家，是不對的。

中國是有代表拜天，造成地上有大王國。西洋人則人人可與神講話。周公也曾向上帝禱告，他説：上帝的意見不易明白，但可向天禱告，西方人是“我知道天”，耶穌是天之子。孔子亦云天不可知，故只能盡人事，可見人事以外尚有天意。墨子信仰上帝，認為他知道上帝的意思，《墨子》書中有〈天志〉篇，可參看；老、莊反對神，莊子説不知天意，老子則推翻了上帝。西方在十六世紀時，有哲學家不信上帝。陰陽家認為上帝有多種，有昊天上帝，下有五色帝、青黃赤白黑合成一昊，有光而無色。又分為金木水火土，相生相尅，可説是唯物觀念。

　　後來中國尚有神仙思想，有所謂長生。基督教講永生，人最怕死，人生不過百年，不能放心，於是創造宗教，以滿足不死。神仙是不死的，且可遊世界，再下來世界，比基督教的天國更妙，非科學的，亦非哲學的，但有人情味。

　　神仙思想的產生，可能是由長江、淮河、漢水一帶首先發生，又到了沿海一帶，最好看古代的文學，其實與希臘不同，不能與外國人講說。

　　秦皇漢武均欲做仙人，後來人人都想做，任何歷史書上都未談及這種事，有人可以來寫一部《中國宗教史》。此與政治文學可帶上關係。

　　東漢以後，世界大亂，范滂所說，人無出路。中國最大的信仰是有上帝。

2. 基督教

　　耶穌說："上帝的事歸上帝管理，凱撒的事歸凱撒管理。"宗教與政治要清楚分開，但還要說出毛病，只有讓暴君來統治了。中國則不然，有統一的政府，有希望，不是個人對上帝。西方人不易組織大統一的政府。中國人的宗教是集體的，但到東漢末年垮台，不信孔子、周公、上帝了，因此信老、莊的玩世哲學，神仙的遊戲人間也出現了。

　　東漢末年，有五斗米道出現，發生黃巾叛亂，直到今天龍虎山之張天師，為中國後來之道家，與神仙思想有關。謂之"方術"（稱為邪道）。宗教與方術，相差不遠。

　　民間禱告訴罪，亦可說由方術而變來。當時中國尚有妖怪觀念，到了三國時代，東漢初王充的《論衡》，反對陰陽家一切迷信。當時方術長生之士集中在曹操門下，其子不信，如左慈，東漢書亦多長生、上帝，都做不到；周公、孔子亦不信，神仙做不成，只有講老、莊，因此現世之官被石勒壓死。此路不通，於是佛教進入，領人走另一條路了，他們覺得佛經是新鮮的。知道這些本源，也可知基督教之進入。

3. 佛教

佛教看世界與一般不同。世界是苦，康有為之《大同書》即以佛家來解釋世界。即生、老、病、死是苦。一切富貴名利家庭，在生老病死中均取消了。人生實在一無留戀，如何解脫？對人生是取消的，否定的，任何人生理論哲學，先要人生無意義，才可入門。大家希望的有甚麼價值呢？要取消一般人的想法。人忙的是甚麼呢？

佛與道相反，道看不起世上一切。首先要解脫，社會是平面的，人生即社會，基督教是兩層，尚有天國，人死靈魂上天。中國人死有鬼，但仍在同一世界，在牌位上，故風水好，家世也好，人死仍在這社會，大人物如沙田的車公廟、台灣阿里山的吳鳳廟，仍在當地祭祀。做了仙人，也到世上來玩。中國人是執着在現世人生，基督教則講主的最後末日，人消滅了，好的回到天國，地上是旅居的，不朽在天堂，靈魂只與上帝有關。

中國人很怕沒有後嗣，無後即變野鬼，無人拜祭他，陰間附於陽間，這是一般說法。

古人講三不朽：立德、立功、立言，儒家看社會講性善論，人人都可好，可成堯、舜等聖人，但要世界太平大同，很難做到。

基督教看不起社會，講原始罪惡論，只有信主才可得救，可以上天堂。佛教則無另外天堂。

釋迦牟尼不講歷史，亦不代表上帝，只覺世界苦，求如何解脫。但苦非來自罪，亦無人審判。乃問苦自何來？佛教重要的是講輪迴，講現在、過去和未來三世，講"業"，"業"即做的每一件事，人生做的均是業，想的做的都是業。任何人不白過，人人要作業，人人種瓜得瓜，種豆得豆，任何時間作的業均對將來有影響，不可當兒戲。人變成今天的樣子，乃是從出生到現在加起來的總和。人死了，賬仍不完結，尚有輪迴。人與動物均有情，都有輪迴，但非靈魂投胎。

孔子看世界樂觀，釋迦看世界悲觀，"業"是一般的行為，生命的經過積累起來，人要死，但其業仍在，這話講人生是對的。

我們今日的一生，是前世作的"業"，三世均是苦，永遠是苦。人在苦海，跑不出來，過去的事仍要負責，懂得此理者，不能胡鬧過日子，以後要自我負責，一世一世下來，永遠脫不掉。

跳海即是一"業"，仍不能了結，人生是苦海，永不超拔。海水是鹹的，人生沒有一秒不苦，這筆賬永不會取消，但有一辦法，即不要作"業"。

天亦有輪迴，諸天聽釋迦講法，如何超出輪迴，即取消作"業"，並非要不朽，要永生，看世界皆空，最好不要作甚麼，慢慢消"業"，最後"業"完。不再輪迴，擺脫社會入空門，甚麼都不做，這是小乘佛教。取消輪迴，叫"涅槃"。

看破一切皆空，如我時，叫人知沒有我。例如，一枝草，長出一朵花，兩天凋謝，數月草枯，佛家看仍是可憐。草的生長，分析起來，有陽光、水、泥……長出花，花即生種子，這就是因緣，乃是很多東西加起來。

靈魂不朽，是上帝降下來的，是一件東西。因緣是一事業。信佛修行，到下一世可超脫"業"，成涅槃，此乃小乘佛法(乘是坐的船，從此岸渡彼岸也)。小法叫小乘，大法叫大乘。

看法不同，無我無法，一切皆空，做的等於沒有做，涅槃是在現在。

既然人生是空是苦，何不大慈大悲，救苦救難，超渡眾生。佛教中有"諸惡莫作，眾善奉行。"照此道理講，有國家、結婚、經商……均可，並不要破世道。此是大乘的哲學理論。大小乘的說法非迷信，均是哲學理論。

基督教省力，禱告、懺悔、信仰即成。佛教要到涅槃的境界則不容易。

東漢末年到三國時，人人無信心，因此有佛教出現，說做壞人的下一世要受報應。做好人的今世受苦，但下一世有好報，因此人生轉向積極，重新振奮了。故當時佛教的影響很大。

中國宗教依自力，外國則依他力。佛教從要超出輪迴，靠修行，此並非低級宗教或法術，基督教耶穌的故事近於法術，佛教亦有，法術進一步即是宗教。佛教說："依法不依人。"佛有諸佛千佛，無量壽佛，三世佛，人人可成佛，但與每人可上天堂不同，因基督教是他力，而佛教是自力。

佛教是理論而非信仰，宗教是告訴一番事情，任何宗教都是出世，但佛教應說是救世。

佛家說，世界是三世，有因果報應輪迴，佛教第二理論是因緣，因緣配合無自性，即無個性，無我性。如粉筆、手指、黑板，如三者不配合，即不能寫字。乃是要三者配合才能寫字，這就是因緣。佛教最偉大是無我，故講"業"，講苦，講輪迴。

印度現在仍是信奉婆羅門教，分四個等級，佛教已沒有了，釋迦出皇宮苦修而餓得不能支持，後進食而悟出佛教來。佛教並非釋迦一人講，乃是依法不依人，乃是諸佛。佛法愈講愈精深，"我不入地獄，誰入地獄"是救苦救難的精神。不必出家，亦可學佛，故有居士。日本佛教徒甚至可結婚。

今日之佛教，中國有一宗，發展最大，今日已衰。西藏有一宗大乘佛教，有理論、有法術。今日日本、緬甸、暹羅、錫蘭等地均有佛教。

佛教在學術方面的研究是另一回事，學者所研究的往往是過去的。

佛教在魏晉與北朝隋唐時期特盛。它們能接收而消化，並能超越他人，且能與中國文化融合。

外國來華的名僧首先是佛圖澄（法術派）和鳩摩羅什（理論派）。

我愛講竺道生，所謂"生公說法，頑石點頭。""竺"是和尚之姓，"釋"是添上去的。

竺道生譯涅槃經傳來中國是個節本，他說："一闡提"，說反對佛法的人亦得成佛。但涅槃說，一闡提不得成佛，因此，佛寺將竺道生驅逐出寺門，後來全部譯出涅槃經，才知反佛法亦可成佛，即一闡提亦得成佛，因人皆有佛性也。因人人可成佛，故後來有當身成佛，立地成佛，乃佛之最高境界，但佛教因之而衰。此是中國化的佛教。

當時魏晉隋唐時期有第一流人物做僧。中國和尚自己"求法"，去印度，出甘肅、新疆，到帕米爾高原、喜馬拉雅山，《西遊記》中亦有此種講法。

中國到印度去求法的高僧，所經歷的艱難辛苦，遠比哥倫布發現新大陸更險更困，因前者是求法而非求金。佛教徒所求結果是無我救世。

　　古時出國求法與今日出國渡金不同，乃是受苦。求法回來翻譯佛經典籍，今日印度只有小乘的佛經，而西藏卻有梵文的，中國則有中文的，所保存的佛經則比印度為多。唐三藏譯了八百多卷佛經，世界上任何的宗教經典都沒有佛教經典多。

　　自南北朝到隋唐，有《高僧傳》，我人對佛學可不信亦可不懂，但我認為我們應該讀一讀《心經》和《金剛經》，那是需要的。我們也應該知道一些最有名的高僧故事，所以有空也應該讀一讀《高僧傳》，即使選擇來讀也未嘗不可。還有我們也可以找梁任公寫的求佛法及翻譯佛經故事及其統計表，這是人人可以知道的一些有關佛教的普通常識。

第五章　隋唐時期

一、隋代政治經濟

　　中國歷史有一點很奇怪，每隔三、四百年換一個樣式。例如，西周時中國封建統一，東遷後春秋戰國分散了；至秦漢又再統一；到三國兩晉南北朝又分散了；至隋唐又統一了。誠如《三國演義》所説："天下大勢，分久必合，合久必分。"

　　中國歷史政治經濟狀況，一般來説，統一時好，分崩時差，全體來説，歷史總算是在進步的，當然，分裂時期，個別項目亦有進步之處。

　　中國以漢、唐兩代最好，漢代之前有國祚甚短的秦朝(15 年)；唐代之前也有速亡的隋朝(38 年)。唐有 290 年，連隋共 300 多年，這是中國第二復興時期。

　　研究歷史，最重要的是治亂興衰，須了解其原因。隋何以能一統中國？何以能興起？隋文帝楊堅為中國人，北朝分為北齊高氏、北周宇文氏，宇文氏是鮮卑人，但大臣均為中國人。楊堅篡北周帝位，再滅南朝陳國，滅突厥，統一中國，當時北方又有新外族興起。

　　突厥(即土耳其)在北方為隋之大敵。匈奴被漢打敗後往西流竄，去了歐洲；突厥被隋唐打敗後，又往西進駐中亞、西亞地區。西歐人通往東方之路，被這些駐在中亞的異族截斷了，西歐人只能從海洋出發，向外尋求新空間，最終發現了美洲新大陸。

　　拿破崙、希特勒均打不倒莫斯科；因蘇俄北方氣候極冷，西歐人難以適應苦寒的天氣,但中國東北邊區人民,早已在苦寒的地方生活,極端的天氣不足以阻礙我們的軍隊。

隋煬帝滅陳時有兩條路:一條是從四川順流而下;另一條是自南京經長江到揚州,再向北至汴(開封)又至洛陽,再到長安。隋朝建都長安,隋文帝子楊廣駐揚州以鎮壓南方。當時南方富裕,氣候良好,地理經濟情況較黃河流域為佳。楊廣為人浮誇,文學好,又浪漫,他作詩"暗牖懸蛛網",有人作詩對道:"空樑落燕泥",此人招忌後來被殺了。又有一人作詩曰:"庭草無人隨意綠。"當時北方羨慕南方人的文學,後楊廣繼帝位,即為隋煬帝,他開通濟渠(運河),對南北的經濟關係很重要。

隋煬帝建立兩都——長安與洛陽,後來又派軍出長城進入突厥。又在蒙古築一幾十萬人活動的大城,使突厥害怕。他本人則愛住揚州。

隋朝既富且強,只有高麗不服,隋煬帝先後出兵三征高麗,因為天下大亂,他稱帝 12 年已被殺。

隋朝統一中國只有 29 年,文帝何以能統一中國?文帝並非大有能耐,他起初只是跟隨北周,北周的基礎建立得好,且中國人之勢力大,五胡的勢力小,北周的基礎好,乃是中國人助其建立。

隋代富,是中國歷史上最富有的朝代,其原因在歷史上仍是個謎。到隋興起,其潛在的元氣慢慢興起而擴大。社會的力量在乎優秀的民族性,此乃中國民族內力之恢復,不能以數字來作統計。隋之富強之突起,至今仍是個謎,故歷史不必悲觀,歷史有突變,先有其潛伏期。

隋煬帝的最大缺點是浮誇,濫用人力財力。

二、唐太宗

唐朝共有 20 帝，歷時 290 年。開國皇帝唐高祖李淵，18 歲從軍，並無特別能耐，重要的是其次子李世民，即日後的唐太宗。李世民為李淵第二子，尚有長子建成、三子元吉。李世民 24 歲打平天下，29 歲稱帝（對比項羽 24 歲開始領軍，29 歲敗亡。），稱為 "天可汗"，含萬王之王之意。

李世民稱帝 22 年已不像樣了（對比隋文帝時既富又強，可是煬帝末年亂了 19 年），當時有 50 個 15 萬人的團體，社會大亂且又大荒。那時新疆高昌國王服隋來朝貢中國，後來高昌王來朝貢唐朝，見中國一路荒唐，故以後不再來華。結果太宗滅了高昌王。

故歷史要看其是否走上坡路，抑是走下坡路，窮的在向上跑，富的在倒下去，是有所不同的，受教育的中國人不爭氣，領導人不行，過去美國看不起中國，看重日本，故今日吃虧了。

路一走正，國家民族便很快變為富強。歷史不能看現狀，是看趨向，如看現狀，則煬帝又富又強，卻一路走下坡，唐太宗卻從低處往上進。做人也如此，要比趨向，看勢頭，百年來中國人只懂得現狀，中國決不比西方差，中國人要尊重自己的民族歷史，現狀無法回轉，但趨向可以回轉。

當時唐朝與突厥訂立了恥辱條約，規定突厥進入唐代國土時，土地與人屬唐，財產則歸突厥。突厥只派 2,000 騎兵幫助唐，是謂國恥。後來突厥侵入長安，有一次突厥派 10 萬騎兵來渭水旁，唐太宗帶了五個人、六匹馬，渡河與突厥談判，這是外交手段，說大家是要好的兄弟，後來突厥為唐所平定，四方太平，尊太宗為天可汗，故唐的外交手法亦很出色。

唐代北方大敵為突厥，唐代初起兵時曾借突厥兵，故突厥頗為驕橫，後來突厥為唐所敗。突厥失敗之原因包括：

(1)突厥與漢時之匈奴不同，匈奴由單于領導，是統一的；突厥由可汗領導，之下有很多部落，在政治上行封建而不統一；

(2)突厥內部分裂而不團結，一名為頡利，一名為突利，二人分裂後，突利歸服唐朝，從未與唐室作戰。間接令唐朝由始至終都只是與頡利作戰，遠勝過西漢武帝對抗匈奴之情況。當時匈奴分為南、北兩部分，而南匈奴歸順漢時，已是武帝攻打匈奴之末期，即漢武帝一直都是對付整個匈奴部族的；

(3)巧逢某年大雪，突厥荒年，牛羊凍死，故太宗派大將李靖乘機進攻突厥，活捉頡利可汗，半年功夫，只用十多萬軍隊，突厥即屈服而亡。證明唐之武功盛於漢，可是唐破突厥後，又另有回紇興起，後來變為唐朝第二大敵。

漢高祖得天下後 100 年，才征服邊疆部族。太宗滅外蒙突厥後再破西域，四夷盡歸服唐。

唐設羈縻州府，此府名即馴養管理外國人之意，唐共有 856 府，又設六個都護府，意即保護他們，名安北、單于、安西、北庭、安東、及安南六個，其中安北即今外蒙古、大沙漠之北；單于即沙漠以南，黃河以北，即今之綏遠(內蒙)；安西即新疆之天山南路，過蔥嶺到波斯邊境；北庭在天山北路，即今之迪化；安東在朝鮮(平壤)；安南即今之安南，大概中國之疆域，以唐作標準，安南、蒙古、朝鮮均在中國版圖之內，但不包括印度。日本亦在中國歷史範圍內，不過較疏遠。

世上分白種、回回族、印度、中國等數大文化圈子，數千年來不易改動，五族共和即在此範圍內。照理，韓、越均應屬於中國，漢唐時期已經如此。

唐時在東部之國土較漢為少，唐在西部之國土則越過蔥嶺，唐之國土疆域東西有 9,511 里，南北有 16,918 里，可作為中國疆域之標準，漢、唐、明、清之疆域大同小異。

唐代之武功所以強大，其原因為：

(1)因敵人並不強大，突厥之政治組織遠較匈奴鬆弛，故此較易應付，並不可怕；

(2)唐自南北朝以來，民族血統加入新的力量，五胡亂華後，更混入外族血統，成為新的民族(但亦有混入異族血統使民族變衰的)。

漢與匈奴作戰，最困難是戰馬問題。因無法在蒙古草原地帶自由行動，故漢武帝攻打匈奴前，先通知西域，斷匈奴右臂，但這不一定，因唐先打突厥，再打西域。北朝是胡人建平城(大同)，也在塞外。北朝在北方時有 300 萬匹馬，150 萬隻駱駝，漢武帝最盛時只有 40 萬匹馬，故南朝不敵北朝。

至北魏孝文帝遷都洛陽，爾朱榮在北方，高歡對爾朱榮說："有馬十二谷"。谷即二山之間有水草而涼爽之地。馬在谷中，數百里長，一谷可養數萬匹馬，相當於現代之軍港與飛機場，馬以谷量，不能數匹，叫做"色別為羣"。如白馬羣……等。

漢高祖受匈奴平城之圍，匈奴之軍隊四門有四色馬隊。而漢初一輛車用四匹馬，四匹一色的名鈞，宰相用的四匹馬車不能用同色馬，形容中國馬少，故不能與匈奴戰。漢武帝派張騫通西域後，取得了馬匹，才可攻打匈奴。

漢代初年打匈奴無馬，至武帝時才有。唐代已有 70 萬匹馬，設有羣牧使，專責養馬，有四十八監，一使管六監，專門養馬，黃河至河隴之間就有 40 萬匹馬。匈奴之政治高於突厥，唐初之馬羣多於漢時，故唐代之武功大，但亦不能説，唐之武功比漢強。

騎兵一到淮河流域就會失敗，五胡亂華時，苻堅説：“我的軍隊可投鞭斷流。”説明他擁有甚多的騎兵，從安徽到長安，沿路是騎兵，但到長江邊即沒有辦法了。

自唐太宗至高宗，國勢日漸興盛，至唐玄宗時，唐代更為富強，在邊疆設立十節度使。名稱如下：

(1)安西(新疆南路)；

(2)北庭(新疆北路)；

(3)河西(自甘肅通新疆)；

(4)朔方(寧夏)；

(5)河東(山西太原)；

(6)范陽(自北平至山東)；

(7)平廬(熱河)；

(8)隴右(青海)；

(9)劍南(成都)；

(10)嶺南(廣州)。

節度使者，唐帶兵之將，不管政治，與近代西方之軍人不過問政治相同。派出之官員名叫將軍，其地另有行政長官管治，後因唐朝在邊疆上開天拓地，軍隊長駐於邊疆不回，帶兵之將領遂兼管地方行政事務。節度使持有中央授予之印信，可全權調度當地軍政經濟民情之一切事務。

十位節度使掌管 48 萬 6,900 軍隊。玄宗為此問題而拖垮了國家。今日日本之海陸軍要與美蘇比，故不得了。日本與英國都有意想吞併中國，而用配給制度。

按照當時之統計，唐玄宗開始之年號為開元，唐當時一年所用之邊費為 200 萬貫錢。至開元末年，加了五倍，到了天寶末年，需要 1,500 萬貫錢。一年之軍服需要用布 1,020 萬匹，由此可知，唐因開邊而多用錢，經濟失敗了。

　　唐代沒有宗族觀念。由於漢胡兩族混集一起，對血統觀念並不嚴格，唐代統治者本身便是混血統之家族，如李世民即是混血統，雖沒有證據，但照歷史傳統卻可以說明，太宗之父李淵，李淵之母姓獨孤，是胡人；太宗之母姓竇，外祖母姓宇文，高宗之母姓長孫，玄宗之母亦姓竇，由此可知，帝王之妻均為外國人，故此，可視為胡漢一家。

　　故唐代社會，其邊疆用胡人為將軍，故玄宗時致有安史之亂。

三、唐玄宗

　　唐玄宗在位 43 年，年號分別為開元(共 29 年)及天寶(共 14 年)。開元為全盛期，天寶時中衰，致有“安史之亂”。史思明和安祿山均為番胡，因唐用番將，擴大邊防，安祿山官至平盧、范陽及河東三鎮節度使，尚兼營州都督，中國東北部大塊土地均在他手中。節度使除領軍外，尚兼管民政與財務，安祿山擁有 18 萬軍隊，而唐代守邊之軍隊只有 48,600 人，已佔全國防軍三分之一以上，用的都是番將。可說是異族兵團，玄宗很信任他們，但後來都造反了。

　　安祿山反對唐建有兩都，即西漢之長安與東漢之洛陽，長安為唐時極大都市，米糧不足，故皇族與大臣每年有一段時期須遷都洛陽。安祿山先破洛陽，再陷長安，玄宗逃往四川，太子肅宗在甘肅起兵，用郭子儀(中國人)、李光弼(番將)為將，平定安史之亂，但唐代國勢自此中衰。

安史之亂為唐代由強轉弱之轉捩點，亦可説是中國歷史之轉捩點，此後之明清諸代再也無法出現開元時期之盛況矣。此即中國歷史自唐玄宗後，由高峰轉而下跌，故唐玄宗實在是一位傳奇性人物，極富戲劇性，他比中國任何一位皇帝都知名。

唐明皇與楊貴妃相戀，晚年寵幸楊貴妃，致令朝政敗壞，終導致安史之亂。安祿山攻陷兩京，唐玄宗出走，逃到馬嵬坡時，卻下令殺楊，然後逃入四川。杜甫正出生於此時，杜甫經歷了唐之全盛期，再下及中衰，因安史之亂逃到甘肅，後輾轉入四川，晚年時肅宗恢復兩京，故杜甫之詩可稱為詩之史，為屈原所不及，因屈原僅只經歷楚國而已。一個人之生命可反映整個時代，開元之盛，天寶之亂，均有説明。白樂天(居易)之《長恨歌》，還有《長生殿》，用以唱出唐代歷史之盛衰概況。順便一説，書法家顏魯公亦死於安史之亂。

歷史上之名將除三國時期的關羽、南宋的岳飛外，此外還要數唐代郭子儀，尚有名臣張巡、許遠。安史之亂攻下兩都後，又下淮水，欲攻睢陽城(商丘，春秋時宋都。)地方官許遠説："我聽張巡之命。"無法攻入，便將城團團圍住，使城內彈盡糧絕，最終要食樹皮草根，今日國家元氣得以保留，實賴當年張巡之死守睢陽。後城破張巡被殺，郭子儀後來平定安史之亂，此後唐代全靠長江流域維持政局。

張巡是讀書人，所讀書過目不忘，對漢書十分熟識，今日各處均有張巡、許遠之雙廟來紀念他們的功績。

五四運動時，四川一位老人提出"禮教喫人"之口號，説張巡殺了姨太太，胡適讚他是獨打孔家店之老英雄。但孟子説："殺一人而

得天下不為也 [27]。" 不能以殺人作為得天下之目的。後來韓愈出來稱讚張巡了不起，並作〈張中丞傳後序〉一文，其道理是有其歷史上的嚴肅性。

唐之亡並非亡在貴妃身上，實因安祿山之權委實太大，楊貴妃進宮時，天下大亂之局早已造成了，故不能怪責貴妃。

四、唐代衰落

唐自經安史之亂後，病根遂成，其政況日趨衰落。唐之衰敗現象叢生，舉其要者有三：

1. 藩鎮割據

節度使在邊疆掌管人民之財政軍事，唐恢復二京後，安史亂將被殺，其部下降唐。但中央仍安排安史舊部於原地擔任節度使，即在邊疆的軍隊，後來演變成藩鎮，其中最嚴重的是河北三鎮，即成德、盧龍及魏博三鎮，既為安史餘孽，且為胡人。此三鎮各自派任官員，互通婚姻，財政不上繳給中央，後來再有淄青（山東東部）節度使加入，接着又擴展至山西，當原任死後，由自己推派，並不由中央委派，名曰"留後"，並且父死子繼，變相成為世襲。故唐朝自玄宗後，實際上已並不統一，已是"人治"管理，而非西洋的法治。

中國唐代之政治早就比世界各國高明。唐德宗領兵攻打三鎮，但未能平定，故只能仍用姑息政策。

---

27 見本書 19 頁注釋 13。

2. 宦官專政

至唐憲宗時削平藩鎮，可謂中興之兆，但憲宗為宦官篡位。因此唐代進入宦官專政時期，宦官(太監)為中國特有，這是污點，但也是中國獨有的制度。

中國政治是王室與政府分開，不如法國之所謂“朕即國家”。此即中國封建與外國專制有別之處。

唐代帝皇為宦官所殺的很多，東漢、唐、明三代之宦官最有勢力；宋、清二代之宦官勢力最弱。

3. 朋黨作亂

唐代政治尚有一弊端，即有黨，就容易出毛病；東漢有黨錮之獄；唐有朋黨之亂；宋有新舊黨爭；明則有東林黨。今日英美有政黨，多有爭吵，也有不好之處。

由於以上三個原因，再加上有流寇之亂，因此，唐代滅亡。

五、唐代異族作亂

1. 突厥、回紇作亂

唐代平突厥後，武功大盛，玄宗時重用蕃將，最終引致安史之亂，唐明皇逃往四川、肅宗逃到甘肅，此時之外敵是回紇，回紇原是匈奴人。唐為平定安史之亂，乞援於回紇，亦訂立要付出財產與美女之條約。唐開國時向突厥求援，是為最早的國恥。太宗敗於突厥後，長安出亂事，搶女子、金銀等事層出不窮，肅宗子代宗(廣平王)在軍中親向回紇太子葉護下拜，説打到洛陽，再如約搶掠。

回紇進入洛陽後，果然到處搶掠，地方人士立刻捐錢送一萬匹馬,以後唐每年籌款送兩萬匹絹。後兩次請回紇為防史思明之子,當時代宗為帝(稱雍王),其子為德宗,回紇派可汗來,雍王見可汗,可汗說:"為何不拜舞?姪兒見叔父應拜。"雍王不拜,可汗生氣,責雍王之跟班三人,二人當晚死。德宗吃此虧,回紇再入洛陽大搶,回紇又入大寺廟之塔,燒佛寺,死數千人。事平息後,留長安之回紇人有數千,由唐政府供給伙食。

當時之鴻臚寺即外交部,負責招待外國人,後給回紇之絹由二萬匹加添至十萬匹,且要求和市(通商)。回紇以馬換中國之絹,由政府交易,一馬可換 40 匹絹,馬是壞馬,代宗說不要換了,在大曆八年七月一日一次性購買回紇之馬,回紇用千多輛車送馬來。八月回紇又送來一萬匹馬,朝廷說:只能再買 1,000 匹。郭子儀心中不悅,後來買他 6,000 匹。

德宗時,回紇已不行了,因他們財產太多,生活腐化,此即民族在都市文明達到最高最盛時往往易於墮落。回紇衰落後,西藏地區出了吐蕃,亦很可怕。最後有黃巢之亂。

2. 黃巢之亂

中國為廣土眾民的大國,但因不易翻動,時日久遠,容易出現不同的毛病。中國歷史的發展往往是慢慢變化,其忍耐度可以是很大的。

唐代歷史可分成三段時期:

(1)黃河以北之藩鎮時期;

(2)黃河以南之兩京時期(即長安,洛陽至山東);

(3)江南時期,此為南北朝時期之大南藩。

自張巡、許遠蔽遮江淮(睢陽),江南一切安頓下來,安史之亂後沒有甚麼變動。此時期真正殘破的是兩京。由於唐仍建都兩京，問題即出於此。

藩鎮用壯丁成軍，軍中再揀選出好的軍，名叫“牙門將軍”。由養子帶兵，用此軍隊來統治其他軍隊，使農村無法造反。一支軍隊有十幾萬兵，兵馬的裝備成為藩鎮的力量，正相當於西洋的封建。故這一帶不會發生動亂，可保安寧。

唐朝自身的軍隊均在中央，由太監帶兵，故不可靠。江南則有錢而無兵。

關於黃巢之亂，歷史上稱為流寇，東漢黃巾之亂亦是流寇。中國歷史上革命最像樣的要推劉邦。項羽非流寇，他是六國之後，劉邦則是平民，當時貴族已臨迴光返照，沒有希望了。

今日之日本人，仍看重中國人，因地大人眾，且又寬大待人。日本人現分為兩派，一派是共產黨，一派是信仰東方文化，跟從英美文化的則已大敗。

唐代之流寇從曹縣起，此地離兩京很遠，其打法是避中央之鋒，使軍隊不受損失，反可增添人馬，而不要地方。共產黨之作風亦同，不要大城市，等集積幾十萬軍時再作戰。太平天國軍之失敗在於攻打北京，其毛病在攻城據地，故此久守必失。

黃巢攻破洛陽後，再進入長安，大臣排隊迎接。讀書人在天下大亂時就沒有用，天下大亂由於讀書人做官的貪污腐化。中國讀書人不要人格，清代起已有，後來仍歸失敗。從王仙芝作亂五年，再有黃巢之亂七年，再到秦宗權亂了五年，前後大亂 17 年，南方亂倫，北方未有亂事。但唐代由此而亡。

唐由統一政府據天下 300 年後，終有流寇作亂，最終演變成五代十國。

六、五代十國

1. 五代

　　唐代內部由於中央有朋黨之亂，與宦官弄權；接着有藩鎮之亂，又有西邊之外寇及東邊之流寇作亂，故使唐代崩潰。

　　五代是梁、唐、晉、漢、周，這些朝代都很衰敗可憐。五代共有八姓十三君王，共經歷 54 年，分別為：

　　(1)後梁：二王，共 15 年；

　　(2)後唐：四王，共 14 年；

　　(3)後晉：二王，共 11 年；

　　(4)後漢：二王，共 4 年；

　　(5)後周：三王，共 10 年。

　　以上五代原是唐時藩鎮的變相，是軍權的統治，由養子帶領親兵，寄子做王，但因此出現姓氏不同，故五代而有八姓。八姓中，後梁開國王即是王朝之流寇朱溫，投降唐朝後，賜名全忠。其中尚有二王是胡人。後唐立，開國王是李克用，李姓為唐所賜。後晉第一位王是石晉瑭。亦為胡人。後漢第一任王是劉知遠。後周第一任王是郭威，募兵出身。

　　五代是中國歷史上最黑暗的時期。中國歷史的傳統是一條線的，即所謂"一線頭"。外國人沒有傳統，外國的文字亦不同。中國歷史是有傳統精神的。要有政治及領袖代表傳統，今日之英王亦是有傳統，但不過 900 年而已。中國的歷史傳統源遠流長，由唐虞夏商周秦漢一直至三國，三國時有三君王，故必須找出一位為正統，故大家爭論誰才是正統。

　　晉朝司馬昭說，他是接自曹魏，故晉主張魏是正統。也有人主張劉備的蜀是正統的。今日大陸與台灣又要爭正統，這是歷史的傳統。

　　晉以後是南北朝，中國人之意是南朝為正統，北朝不算，又到隋朝為正統，唐完後是宋，但唐、宋之間有一段更亂的時期，同時候有許多國產生，五代不過是較大之國，故一定要找出一個正統，唐後有亂，宋接自後周。

　　五代的梁、唐、晉、漢、周建都之地不同。梁是汴(開封)；唐為洛陽；晉與後周均在洛陽和開封；周在鎬(長安)；東周在洛陽。至隋、唐則兼洛陽與長安。

　　梁朝朱全忠建都開封；晉漢周在開封，宋建都開封；故五代成正統。

2. 十國

　　至於十國，只能說是割據。國是私的，正統是公的，是天下。梁、唐、晉、漢、周稱天下，稱朝代，不稱國。故中國實在有國家與天下之觀念。西洋的傳統是耶穌。中國是治的，如絲之有條理。西洋是亂的，沒有條理。日本學中國傳統，學得最似模似樣，故有"天皇萬世一統"之說。

　　代是代表，是代替，即一代替一代，大家都朝向他，故叫朝代。故俗稱"唐朝"，其實是不通的，應稱"唐代"。一個皇帝的管治，可稱為一朝，一個家族的統治，應視為一代。周代文、武、成、康，應是四朝；自父傳到子叫兩朝，非兩代；這是白話文的毛病。

　　五代之後有十國，十國是割據，非偏安。各國情況略述如下：

　　(1)吳：先定都揚州，後遷南京，即今之江南、淮南，有四王，歷時 47 年，較五代好，但因接不上唐。

　　(2)南唐：自稱唐，君主姓李，但因在北方，有三王，共計 39

年，以南京為都，李後主為大詞人。

(3)前蜀：在四川，共二王，歷時 35 年；

(4)後蜀：在四川，有二王，共 41 年。

(5)南漢：劉姓王，都廣州，五王，共 67 年。

(6)楚：位處長沙，共六王，歷時 57 年。

(7)吳越：地兼江浙兩省，王姓錢，都杭州。共五王，歷時 84 年，成為最太平之國境。

(8)閩：都福州，共七王，歷時 55 年。

(9)荊南：都湖北江陵，共五王，歷時 57 年。

(10)北漢：即劉知遠的漢，被篡位後，退回北方的山西，共四王，歷時 28 年。

上述十國中，只有北漢在北方(五代均在北方)，當時天下是南方像樣，年代長，人壽亦較長，但北方的五代差，不過有正統。

做兩年的省長不如做三十年的廳長。日、德是暴政，一下子敗亡了。中國則有幾千年了，國家仍有前途，不可作苟安想。

三國時，曹操像樣，人才眾多；南北朝時，南朝比北朝好。朝代短而多，打仗必多，人民生活即不安，因此，十國總體來說是優於五代的。

總結

尚有一問題，五代十國建都，沒有一國建都於長安，長安本是自古以來的天富之國，唯因當時長安殘破，根本不適合作為一國的都城。而此後的長安，在歷史上也不再佔有重要地位了，即長安的比重從唐代以後即下降了。但此是重要地區，應重新去收拾一番才好。

尚有一重要的地方，即燕雲(幽薊)十六州，分為山前八州，山後八州。在中國東北方有十六州。有燕、薊、順、檀、儒、瀛、莫、涿、新、媯、武、雲、蔚、應、寰、朔等十六州。五代時晉高祖石敬瑭，割此燕雲十六州賂契丹。

十六州包括當今河北、察哈爾及山西三省。石敬瑭之所以賄賂契丹，乃由於他攻打後唐時需要更強兵力，故向契丹討救兵，並承認為契丹之子。送契丹十六州後，宋時尚未取回，仍在遼國人之手中，後又為金所奪去，接着又入元之手，直至元順帝，有 424 年之久，直至中國統一，才回歸中國。

唐之河北三鎮即十六州，受異族統治 424 年之久，直至明末清初建都北京，才再收回而統一。故此河北三鎮十六州並未接受本國文化之涵煦已歷時 600 年，這是中國在歷史上之大問題。

總計五代十國時，共有四大問題：

(1)北方黃河流域衰敗；

(2)長江、珠江流域開發成熟；

(3)西北方長安沒落；

(4)東北方即十六州，在異族統治下，大敵易於侵入。

故中國抗日戰爭勝利後，實應建都西安或北京。中國人應該要知道自己的地理、自己的歷史，要天下一家，不可有分的觀念才對。

第六章　兩宋時期

一、宋代對外關係

　　中國漢、唐、宋、明四代，每一代統一後便即代表富強。宋統一時貧弱，只因並非真正的統一，宋太祖開始時，五代很黑暗。五代末年，後周周世宗是能幹之君，姓柴，只是郭威的養子，當時趙匡胤兄弟是他的手下，為宋代建立奠定了良好的基礎。

　　北方有北漢、契丹，南方是長江流域，建都開封的宋挾在中間。最大問題是先打北方還是南方，北是強敵，先打強呢？抑先打較易的南方？結果打平南方諸國時，宋太祖已死，且南方之吳越尚未打下，將位傳給弟弟，因兒子年幼，即為宋太宗。吳越降後，再打下北漢，只剩下契丹了。宋太宗二次親征均失敗，第二次在高梁河之戰，此地即北京西門之萬壽山區域，仍是失敗。當時有楊四郎、楊六郎在山西，據說宋太宗被契丹擊中劍傷而死。正史未講此事。

　　幽薊十六州永在契丹之手。契丹開始時為鮮卑宇文氏下之一支，耕牧並營。

　　中國北方的敵人可分幾種，遊牧的如蒙古、匈奴、突厥，在大草原及沙漠兩面來得可怕，可一擊而破；另一種是耕牧並營，較有堅韌性，流動與堅韌配合，大強國一定要有農民和土著。

　　中國土地看似散漫，但一城即一大墾區，攻城不易。金融在城中，物資在農村，兩者並存城可武裝。農業社會區小即弱，區大即強。新疆是一區一區的水草地，有數十區之多，不能統一掌管，故班超帶了 36 人即可征服西域。

　　可怕的是遼河熱河東西省區，是大耕地，天氣冷，文化低，故同時為牧地，是堅韌的農民與慓悍的牧人互相配合，故契丹難以對付。他們有兩大特點：第一，契丹建有城圈和邑（小城），都即省邑，即邑，即土圍牆，是農業社會的武裝。其次，契丹境內有逃亡的中原人士，也特別有些田地，可供他們耕作。

　　契丹建國時已是胡漢同居，早就開始了漢化；此外，尚有渤海國，即東三省吉林一帶，有 103 城，即是文化相當高的城邑之邦。

　　契丹共有 5 京、15 府、62 州，是已漢化很深的國家。有二、三百年歷史，完全漢化了，今日仍有注意及研究其歷史的，很重視他們的漢化過程，但留存下來，可供研究的材料很少。

　　契丹在五代開始時已吞併渤海，故此，契丹這異邦已很像樣，至石敬瑭時期，更奉上燕雲十六州。這個地區範圍極大，對契丹經濟力量有極大的幫助，加上原來的武力配合，更令契丹成為北方強大的異族。相比之下，在短短 26 年間，五代已更換了晉漢周三朝，雖然仍建都於開封，但南方仍未統一，中原國力難與日益壯大的契丹相比，石敬瑭只好每年送金三十萬兩、帛三十萬匹與契丹，以換取短暫的安寧。因此，契丹較匈奴、突厥、蒙古等外族強大。宋太祖開國時，遼已有五京，是胡化兼漢化。遼之五京為上京（熱河）、中京（熱河）、東京（遼陽）、南京（北京）及北京（大同）。

二、宋代政局與人才

1. 定都開封　無險可守

　　宋太祖開國，在位 16 年；宋太宗繼位，在位 22 年。宋初開國合計 38 年。

　　當時宋遼南北對峙，而西邊邊塞又有西夏崛興。太宗時期共有三國並列，即宋、遼與夏。太宗傳位其子，即宋真宗。真宗時期，契丹攻打北宋，大軍已到橫跨黃河南北兩岸之澶淵城。中國天然國防線是居庸關與山海關，山西省內有兩條國防線，大同位置剛好在兩線之間。

　　宋都汴京即開封，無屏障，四面敞開。西安在三山之間，向東出路是潼關，地勢高於洛陽，形勢亦好。黃河的水可以倒灌開封，洛陽不如西安，洛陽只能以德治，但不能作要塞，而開封更不行。但五代除後唐李克用外，共餘四代皆建都開封，故宋亦建都開封。

　　唐代時，揚州為全世界最大之都市，有云："腰纏十萬貫，騎鶴上揚州"，揚州的當時交通樞紐之重要中心。汴渠亦是當時世界上最偉大之工程，運河兩旁栽垂柳，堤稱隋堤。

　　宋太祖早死，太宗繼位後，平定北漢，但未有足夠實力可以對抗契丹，無法收復燕雲十六州，因此，仍不能遷往洛陽。建都北京當然比在汴京(南京)好，因其北邊與西邊有天險太行山與居庸關可守，南面是海，但以當時條件，要自南京遷往北京，路程很遙遠，不太可能。

　　八國聯軍時，大沽口不准有炮台，北寧鐵路是國際線，故無國防線，外國軍隊可直達北京，北京東交民巷可有英法軍，這極不合理，中國人尚不罵英法，是欺人太甚，所以西方之所謂文明文化，不能使人佩服。上帝？公道？法律？科學？列寧發明打倒帝國主義，人人響應。但有時只是喊口號，實際上不易做到。

　　開封並無形勢，宋朝準備攻打遼，故不能建都開封，宋是為了養兵，經濟條件不得已，此實為開國時所犯之大錯。

2. 澶淵之盟　宋遼和議

宋代大人物寇準，力主迎戰契丹，説不可逃避，更主張宋真宗御駕親征，親到澶淵，渡黃河北，及後雙方議和，史稱"澶淵之盟"。訂結盟約後，雙方不再開戰，以宋為兄，遼為弟，遼之蕭太后算是真宗之教母大人(真宗無母)，雙方平等。此種親屬關係，遠不如昔日之漢與匈奴，宋當時亦不如昔日漢之採用和親政策。主要是由於遼區早有漢人雜居。宋年送遼 10 萬両銀，20 萬匹絹，雙方和好歷 120 年，宋無力反攻遼國。為防遼計，在黃河之北挖溝種田栽樹，以阻對方之馬隊，名義上是種田，但遼已知宋國用意，常待秋收時節，南下大肆搶掠一番，燒屋搶糧，不讓邊境農村人口繁衍，稱"打草穀。"

宋遼兩國在這 120 年內，一直是處於冷戰狀態，後來又出了西夏。宋真宗以後是宋仁宗，是位好皇帝，在位 41 年之久。

仁宗登位時，宋已開國 63 年了。當時西夏崛起，因此，宋有兩個敵對異族，都是難於應付的，於是宋與西夏議和，年給白銀 10 萬両，絹 15 萬匹。此事惹來遼國不滿，於是宋又只好增給遼國 10 萬両銀，10 萬匹絹。

3. 文化不彰　開國無才

宋那時候沒有人才，因人才均出在黃河流域。唐以前之大人物均出於北方；當時長江流域經濟雖好，但文化條件則甚差。

漢高祖時有張良韓信，光武時用的不少是他大學的同學，都是讀書的知識分子。但青年人始終較年輕，能力較差，所以必須多讀書，前途才偉大。不讀書則沒有出息矣。唐太宗時，用的也都是讀書人，唐末就差了。

宋太祖時，手下只有一位讀書人，即宰相趙普。人説"半部《論語》治天下"，宋代可說沒有甚麼讀書人。太祖獎勵讀書，但一兩天短期內無法造就人才，要到仁宗以後，開國過百年，才蓄養出一些人才。所謂"十年樹木，百年樹人"，故宋代開國初期各朝優秀人才極少，只一兩位而已。

4. 變法圖強　新舊黨爭

宋代後來出了一位大人物范仲淹，他助仁宗變法，年號慶曆，故名"慶曆變法。"當時羣臣反對，仁宗主張不變，仲淹退休後，仁宗子英宗即位四年而死。英宗後是神宗，王安石助其變法，歷史稱為"熙寧變法"。當時仍有不少大臣反對。

宋自仁宗以後，人才大盛，文學、藝術、思想、哲學大為興旺，但軍權與國家統一方面則不理想，學術方面遠遠落後於漢唐。

王安石新黨主變，司馬光是舊黨反對變，遂成為新舊黨爭。

哲宗在位 15 年後，宋徽宗繼位，他能詩善書畫，其畫堪稱國寶，但其為人則甚糊塗，實非一政治家，他在位 25 年，當時國內紊亂，國外亦生問題。遼以後又出金國，金滅遼後，又攻打宋，徽宗傳欽宗，父子為金所擄，稱為"靖康之變"。即二帝蒙塵，宋共經歷 168 年而亡，但只亡了一年，尚有泥馬渡康王，有南宋興起。

5. 政局與歷史人物

有時歷史只能講時代的局部與形勢。有時只能講人物，人物改造形勢，形勢限定人物。

講到人物的歷史是光明的。講到形勢局面的歷史是黑暗的。今天是黑暗的，因今天的世界沒有人物。今日的英美俄諸國都沒有出甚麼大人物。

從歷史上看，有沒有出人物，即讀歷史要有眼光與識見。否則不懂歷史，不識評論。

歷史不在乎是否時代有亂，有否打仗也沒有關係，戰國時各種人才極多，是有意義的時代。三國與唐代初年人才亦多，到安史之亂後，只講局面，而沒有人物可講了。局面是死的，人物是活的。

宋代自范仲淹以後有人才出來，但時代更亂了，人物之造成是由於風氣或學術。人物是指能跑上歷史舞台的人，如香港在此種社會風氣之下，絕不會有人物出來。香港在中國歷史上是沒有份的，不然，跳舞看電影，我們都變歷史人物了。香港是個爐，一入即毀，雖然香港山明水秀，百年來無戰事，全球來往，宛如代都，但風氣不對。

北京可出人才，民國以來，中國出的人才，均與北京有關。這是風氣所趨。上海的聖約翰、交通大學不過是能講英語，能賺錢而已。但無法與北京比。

自唐以下至五代，風氣極壞。讀歷史只懂人物，但不易懂局面形勢，能懂局面後面的風氣更不易，能明白香港生活，但不易了解其風氣。至於懂學術，則是難中之難矣。

人物自學問中間來，故不易懂人物。我們不知漢武帝之高矮肥瘦，但可知其脾氣、理想、性格……，故在座之同學不會知道我是如何之人，何況歷史上的人物？沒有讀過王安石和范仲淹的作品，如何會認識他們呢？如何可提出打倒歷史呢？真是無聊。

宋代"天地閉，賢人隱。"宋太祖倡議學術轉移風氣，當時有戚同文，為五代末時人，希望世界回復為讀書人，希望黑暗時代過去，當時有位小軍人姓趙，捐錢在睢陽造講堂、書室、宿舍，請戚同文教書，名為睢陽書院，書院有一種精神。

書院者，藏書樓也。讓窮人可以去讀書，讓自己兒子多了知識，也可請問。書院開始是私家藏書，用來招賓接客，客走了再來第二位，這種書院影響不大，於是有趙出來辦書院。新亞書院也希望將來有大圖書館。每個人均可自由閱讀，百年前英法亦有如此風氣。美國之教育卻不會出大人物。

睢陽在徐州與開封之間，戚在宋太祖之前，到范仲淹時已過 60年，書院仍在。范之祖為唐代宰相，父窮困早死，母改嫁朱姓，范仲淹為拖油瓶。范在僧寺刻苦攻讀，斷虀畫粥，終成為宋代第一人，死後稱范文正公。

三、宋代之文藝復興

宋與唐比，唐強宋弱，若拿人物與文化比，則宋在唐之上。唐雖偉大，但末年局面不可收拾。無宋代即無今後之歷史，這要由社會轉變講起。

唐代之後是門第社會，與貴族封建不同。宋代是有統一政府，且無世襲貴族，是考學業的考試制度，是詩禮(詩禮即是為學與做人)傳家的門弟。門第得家教，考試得優先權。唐之宰相可有世系，一個家族可出千多位宰相，此乃表示門第社會。今日已沒有了。

南北朝至隋唐有佛教傳入，出家是最高第一等人，簪纓是仕官之家，此非人生真理，但做官不算高，不出家，即做居士，皇帝入佛教，封為國師，唐僧即自大門第出家，很偉大，他取經回國，太宗甚至親迎。社會上和尚稱師，社會上之先生，一種是小孩子，一種是大人在家，平民無資格入學。讀了書可以做官，做大了官，再跟和尚研究佛法(或作居士)。

送兒子出家尚須捐出大部分家產，故和尚寺很像樣。西方中古時期以主教最闊綽，唐代時最闊是宗教與門第，但唐末已無門第了。後來黃河北岸藩鎮區無人讀書，長江以南少讀書人，只是為了經濟。大門第是在黃河以南、長江以北之區。到五代時已無大門第，也無正式讀書人，剩下和尚寺為學習的環境。當時政治日壞一日，社會經濟亦日差一日。

唐代韓愈作〈原道〉、〈佛教〉、〈師說〉諸文，認為讀了孔子之書應該作師，說："師者所以傳道、受(授)業、解惑也。"即可以做三種先生，"解惑"，即啟蒙先生，學生是童蒙；"授業"，即有職業，如醫科、法科、文科……西洋有醫生、律師的訓練；更重要的是"傳道"，層次是最高的。不然，可做牧師，要講道理。總之，以上三種先生都不做，總不能光吃飯，不幹活。那麼，信基督教做牧師也好。

韓愈說，孔子亦是道，是修身、齊家、治國、平天下之道。又如柳宗元，當時亦有人請他作先生，柳說："我不作師，蜀犬吠日"，但很少有太陽，只有佛教有道。

五代時，和尚看世界有變，勸人讀韓愈的書。因修身、齊家、治國、平天下之後，天下太平，和尚才有辦法。去美國等於雞犬登天，變成了仙雞，牧丹雖好，尚須綠葉扶持，故和尚寺要好，先要使國家有辦法。

今日是耶穌與馬克思在爭一日之短長，孔子與釋迦是差了，因國家沒有辦法。

五代的和尚不但寫作經典，而且也創作散文和古文；也提倡韓愈，因而宋代出了讀書人。范仲淹是在寺院讀書，他為秀才時，以天下為己任，所以他說："先天下之憂而憂，後天下之樂而樂。"秀才便是有資格考大學之學生。

今日之人，"憂者一身，樂者一身。"范讀好書，去睢陽書院教書，後來做到副宰相。他有二子，仍入寺院讀書，二子共穿一件衣袍，哥出弟在家。有一次，范仲淹在江蘇買了田，每年派子回家收租。收了回家去見父，說那裏荒年，父責罵道："糧租何不濟貧民。"子答："已濟貧民矣。"范仲淹從此設立"義莊"，家苦的均可受供養。此制度一直傳下來。我的家鄉在無錫，當年仍有延續。窮民受惠無窮。此"義莊"要派人管理，我讀書時曾拿過莊米。中國如今日(新文化運動之後)仍有此制度，社會便不至於如此。

與范同時的尚有蘇北人胡瑗，亦在道庵讀書，去泰山棲真觀(道士所居)讀書，當時帶信與物件很難，因交通不便，山路又遠。信面寫"平安"二字，以免未看封內之書而緊張。所謂"烽火連三月，家書抵萬金。"胡瑗見封面"平安"兩字，便投信入山澗中，不拆封看信了，後來稱為"投書澗"。

胡瑗在棲真觀十年，范在蘇州作觀，請胡在蘇州教書，胡在蘇州教書達 20 年。後來朝廷知道請他辦國立大學，由此，因而全中國都辦了學校，分為國學、州學、縣學及私立書院，先是公立的稱學，私立的稱書院，後來均稱為書院。

胡瑗是書院的大師，是千年來的教育家。由此可知書院是由僧寺而來，故每年每一書院必供養一或兩位大師，如濂溪書院即為紀念周濂溪。今日中國人不爭氣，不知道辦學院。日本人為紀念王陽明，在台灣草山辦陽明學會，建房叫陽明山莊。作為講學，遊憩之所。世界總要講個道理，不信耶穌便信馬克思。實是希望人信孔子，但孔子窮，辦書院是自由的、自動的、自主的，宋、元、明三代均盛，至清衰落。

廣東有廣雅書院，後變為廣東省立一中。不保留舊的書院制，實在是糊塗。日本人保護台灣遺跡，今日已毀，實在可惜。如烏來的遺跡已毀滅了，只有土地，沒有歷史。這就是唯物史觀，只知有甘蔗、米……。香港的宋皇臺、車公廟，都是中國中古時期的大歷史，歷史應與教育配合，各地應廣設書院，如博物院、圖書館應與古代歷史遺物配合。書院內有學田、祠堂、藏書，有無師生，則不在乎。大學畢業只是反面價值，消極而已。

范仲淹開創好的政治新風氣，既負責任且有人格。胡瑗創辦新的學術，分經義齋與時務齋，其內包含文、史、哲、法、政、經各科。因此有新的人物產生，因而宋仁宗、英宗和神宗三代後，才有人才逐漸出來。宋代開國之初，社會只是有初步的安定，而非整體的覺醒，仁宗以後，士大夫階層才開始有自覺的心。

四、宋太祖治國與仁宗改革

唐代士子學詩賦，為了考試要用，做官是一種經驗，要有高的理想主義。唐人的觀念只是建功立業而已，最高的人生是出家。似不及宋代士大夫之有自覺心。

中國每年要送東遼、西夏無數白銀絲帛，實在不是好辦法，但對外必先安內，先要對內變法圖強，然後對外雪恥。因此先得有變法。

宋代開國 60 年，討論其弊端，應先知道宋代立國是用甚麼法才好。宋代開國之根本方法是接自唐及五代，那就是驕兵悍卒。由於唐之藩鎮擁兵割據而起，起初藩鎮反抗政府，後來手握大權，自舉節度使。宋太祖得天下是黃袍加身，稱為"陳橋兵變"，這是敗壞的歷史，宋太祖以前，相類似的黃袍加身已先後發生了兩次。

宋太祖在汴京不能遷洛陽的原因是要養軍隊。五代之軍隊能戰是後周世宗柴榮之功，宋之能統一南北，也是由於有此基礎，但這軍隊亦非理想。軍隊除吃餉外，還須隨時有賞賜，如有郊賚，逢祭天時，全軍要賞賜，不賞賜祭天就會發生兵變，因此，軍隊的目的只是用不同的方法索取額外的錢。

中央派軍隊鎮邊，是輪流調派兵丁前往邊境，而邊將反而不須調動，目的是使"將不識兵，兵不識將"，斷絕將領擁兵割據的機會，但這方法令軍隊兵將不協調，不能好好作戰，軍隊在此制度下，無形中是每年動員，等於年年打仗，年年需要開拔費，如買草鞋等，內部耗用甚大。故宋代只能獎勵文風，因為軍隊早已有敗壞風氣，遂有"好男不當兵，好鐵不打釘"之諺語，目的是使社會可繼續和平。宋代帝皇還規定，士人犯法與否，決不殺讀書人，也是為了獎勵文風。

宋太祖尚施行"杯酒釋兵權"，當時節度使很多，一日帝請諸使飲，太祖說："不知明日何人作皇。曾有黃袍加身之例在。"如此公開地說，眾節度使說不想如此做，太祖勸眾使信任中央，有優厚的子孫俸祿，可永遠富貴，大家贊成。除去兵權，政府讓其信任中央，供給大屋，發放最高薪俸，每年照常贈送，不必做事管軍隊，外邊的將無所謂，兵是輪番的，節度使如此厚待，故文官亦同時加薪俸（今日之問題是軍餉太低了）。三年期滿，政府給官的兒子上報，有機會讓其作事。再過三年可再報一個，兵則三年一祭一賞。因此人心仍願讀書，為了作官及子孫有出路，此乃中央政府之苦心。如范仲淹、胡瑗乃內心自發，非勉強。讀書有了成果，宋已歷時 60 至 80 年，此時中國已極端窮弱，而宋之軍隊已由十餘萬增至百餘萬，但質素卻極壞，讀書人亦糊塗。

宋仁宗登位時，請了正宰相韓琦，副相為范仲淹。某日，仁宗上朝說："國家如此，應如何改革。"眾大臣不肯講，用紙筆寫，其中兩人回說"回去再考慮"，范仲淹則提出"十事疏"以改革政事。范之

"十事疏" 項目如下：

　　(1)明黜陟；

　　(2)抑僥倖；

　　(3)精貢舉；

　　(4)擇官長；

　　(5)均公田；

　　(6)厚農桑；

　　(7)修武備；

　　(8)減徭役；

　　(9)覃恩信；

　　(10)重命令。

　　以上可謂是名臣奏議。仁宗便照范所提十項條文改革，謂之 "慶曆變法"。

五、王安石變法

　　至於王安石荊公之新法，則包括青苗法、均輸法、市易法、方田法、免役法、保甲法及保馬法等。

1. 免役法

　　中國古時有鄉村自治，漢代即有，長官稱 "三老"，地方如有重要事情便諮詢 "三老"，"三老" 可貢獻意見，且可見皇帝。"三老" 之下有兩種官員，一是嗇夫，助政府收取錢糧；另一是游徼，助政府治安。

　　"三老" 管教化，代表民意，漢時已有此制，後來至隋唐時失去此法。但在晚唐時則到處有戰事，地區須供應軍隊之食宿諸問題，今日亦是同樣情形。而在唐末至宋時，不是由地方自治，而是成為對政府的當差，由衙前辦事，在地方上舉一有錢人當差。一當三年，便可破產，實在是剝削社會。衙前之下有里正幫助收租，如收不足則由自己賠足填數。尚有地方耆長，是專治盜賊之人員，這些均由鄉間人產生，是從漢代的鄉村自治演變而來的。

記述中國歷代制度有兩本專書，一本是唐代杜佑《通典》；另一本是宋代馬端臨《文獻通考》。據馬端臨《文獻通考》，出任衙前、里正和耆長，稱為“役”。他又說漢代的三老、嗇夫、游徼，是官，是自治，與“役”不同，故役與官不同。有人將漢之官當成職役，也是根據《文獻通考》，這是抄錯了書。

王荊公就不要民間當差，推行免役法。由民間出免役錢，讓政府自己辦事，使官民兩利。

2. 保甲法

漢代時已全國皆兵。西洋之全國皆兵，自普魯士開始，未足 200 年，而中國早已有此制了。但中國人口太多，不必全國皆兵，故唐代改為府兵制，只從部分地區挑選出富有精壯的男士來當兵。全國設若干府，謂之府兵，是國民的義務兵，能當府兵是一種榮譽來的。

宋代改為募兵，即成為僱傭的職業兵，這種兵制的缺點是國家需要付出養兵費，也因為士兵已成為一種工作或職業，擔任士兵者，不再認為是榮譽，故此，士氣一定不足，也因此戰力比不上前朝。

宋有遼國，大敵當前，義務兵有兵役年齡，過了時間就不能用，故一直是精兵制度；但職業兵則不然，只要出任，即使年紀大了、老了，仍會在軍中當兵，成了老弱殘兵。王荊公希望改變此缺陷，故更改為保甲制,鄉村中十家為一保,每家報出壯丁,三丁出一,四丁出二,編成隊伍。每年各季訓練打仗。練後回家,國家要用時就召集。保即保護,甲是武裝。

3. 保馬法

宋代立國後,敵對者為邊疆外族,當時打仗重要勝敗關鍵為戰馬,作戰時非戰馬不可,戰馬不同普通馬匹,需要有特定的配種及環境培養,宋代無法應付的原因如下:

(1)出馬地不在宋國境內,而在西夏(甘肅)及遼國。馬必出於寒冷的高地,低濕之地不出馬,馬要用棧,用小木片搭成,免馬腳受潮氣,且要有跑馬場,養一匹馬之經費可養 25 人,可見其費用之昂。牛油與炮彈,其價孰輕孰重,不問可知矣。

(2)買了馬後,因地盤小,黃河以南無養馬地,王荊公將馬分配到農村,要用時再集合,但保馬法可說是最壞之法,因農兵領得了馬,不懂養馬,食住不好,還要馬工作,因此老了、瘦了、死了要賠,且不死之馬已無用矣!故此乃兩害之策,書生不懂,但其用心是好的。

這些政策均好,但當時反對者卻很多。歐陽修是王安石前輩,有一天他對王說:"你可做韓文公。"王答道:"我想做孟子。"但王推出的新政,歐陽都反對。我想歐陽修説他可做韓愈,主要是説他文章寫得好,但搞政治變化則不妥當。[28]

與王安石同時的是司馬光(山西人),與王齊名。司馬光亦反對王

---

28 錢賓四先生曾説,對唐宋八家,他最喜歡王安石。——編錄者按

安石變法，他在洛陽寫《資治通鑑》，用了19年才完成，十分偉大。仁宗不能留他，有一天，邵康節去看司馬光，開門的老頭說："相公沒有。"原來是司馬君實不在家，後來這老頭對邵說："我這老傭人幾十年來給你一句話教壞了，本來只知他叫君實，不知相公。"可見司馬光之偉大。司馬光的人格是從中國文化中陶冶出來的。司馬光童年時有破石缸出水的故事，可見他有智有勇。

梁任公把王安石看得太高，把司馬光壓低了。造成後來要打倒孔家店，實無民主風度。

程顥先幫王安石，做八特派員之一，後來亦反對王安石了。至少當時之君子均反對王之新法，其理由是：梁任公認為法是好的，君子不來幫忙，卻用小人而失敗。其實不能如此說，何以歐陽修、司馬光、程顥他們都不幫王安石？我們應平心靜氣地說，不可一筆抹煞。其理由是："徒法不能以自行"，必須有行法的人，這是人治，即法治也要人去推行。當時推行青苗法的人，光借錢給富人，不借給窮人，王安石並不知道。

中國的傳統政治思想是：

(1)反對與民爭利；

(2)社會上聖人惡人少，多的是中間人，由政府放債收利易生流弊，光靠聽君子是不夠的。故當時的歐陽修、司馬光、程顥等不主張由政府來經營這事，因易生流弊也。

故王安石變法之根本毛病是易有流弊，因這是與民爭利。王安石是只從法制上去構想，而歐陽修和司馬光等人則連推行法令的人也想進去了。總之是，政府不應權太大。

按照傳統的政治思想說，王安石這種做法是越職，不應去經商與民爭利也。

六、女真族金國興起

　　歷史的性格不同，故可淺講深講。如人然，有喜活動，或喜穩健，國家或民族亦有此性格。"其興也勃焉，其亡也忽焉！"人和國家均有如此情形，例如，可用此兩句話來説項羽。他24歲興起，34歲結束了生命；西方之亞歷山大、拿破崙、希特勒均如此。但每個人不都是如此，劉邦之興起耗力甚多，此因性格(八字命運)不同故。

　　北宋200年，南宋100年，有金國起，金為小民族，稱靺鞨，在長白山與混同江(即松花江)之間，很早就有。北魏時有七部落；唐時有二。一曰黑水靺鞨，在黑龍江邊；一曰粟末靺鞨，在松花江邊。

　　粟末靺鞨建渤海國，後被遼國所滅。

　　黑水靺鞨至遼時，改稱為女真，分生女真與熟女真。金國即生女真的傳統，過去建過國，後為遼國滅，屬於遼(契丹)，到明時稱滿珠人(滿州人)，最終入關建立了清朝，當時不從遼，建成金國。此民族曾造成三個國家，即渤海國、金國及清代，故東三省不能都稱為滿州。

　　金國之興起，也是突然起來，當初壯丁不滿一萬人，宋徽宗荒淫無道，去該處打獵，捕海東青鷹，用來打獵用，要途經生女真，虐待生女真的人，因而遭到反抗。宋徽宗政和四年，聯金勝遼，第二年又聯金勝遼，翌年生女真自稱帝為金國，故其興也驟，當時遼國之版圖與宋同樣大，腐化了，怕金國，遼欲與金和，金不允，遼王率兵親征，途中內亂而返，金在背後追上，又勝了遼，此時金軍有兩萬，附近部隊亦歸附，自政和四年至十三年歷九年中，金滅遼五個京城而亡。

　　金此時擁有吉、遼、熱、冀、蔡、晉六省(不完全)之地，只用了

12 年時間，非中國的歷史性格表現。

世上似中國之民族國家之性格的只有一個，俄是暴發戶，只有中國邁步而穩全，其中有大道理。後來遼國向西逃走，成西遼帝國，到了西方仍有 100 年之久的國家，還可欺侮洋人。

中國人道德高於西方人，智慧亦不差，但忍耐，後來禁止華工，黑奴可賣，一個人從輪船偷偷上美國，後來成家立業無依無靠，西方人並沒有如此能力，故中國人仍有辦法，只是浮在上層的沒有辦法。

今日在美國之華僑，仍是依照中國道德文化做人。蘇俄人始終在蒙古人之下。直到明代，遼國經歷九王，210 年而亡，也是其亡也速，但建西遼國，仍有八十多年，曾帶了中國人去幫忙。

金國興起與北宋接界，起初是北宋聯金滅遼，條件是進攻至燕京（北京），子女玉帛歸金，地方歸北宋。北京自遼、金、元、明、清均為國都，中華民國不建都，改稱北平。

當時金擊敗遼，遼擊敗宋，金為初生之虎，其勢不可擋。與宋鬧反而戰，金分兩路攻打宋國，一路入河北，一路入山西。山西有雁門關，金兵過太原後，宋尚有險可守。入河北者，闖進山海關與居庸關者，可直入開封，甚至攻入宋，徽宗遂引咎退位，子欽宗繼位。

但金渡黃河無船，在黃河邊用小船渡河，每船所載有限，先來的騎兵(步兵在後)用了五天時間過河，步兵仍未到，本來是宋滅金之最好機會，但宋一直採不抵抗主義，金軍如入無人之境，真是“國之將亡，其崩也速。”於是金兵包圍開封，宋只好求和，宋要送金 500 萬両、銀 5,000 萬両、絲綢 100 萬匹及午馬 100 萬頭。金為伯父，宋為姪兒，並割中山、太原、河間三府與金，以一相一親王作抵押品。

當時金軍在開封有六萬之眾，此時宋的勤王之師由各處去開封有二十多萬。金軍未拿足金銀，正月渡河，二月回去，當時宋向私家捐款，連唱戲的、做妓女的亦要捐。後來宋不服，反悔不願交出三鎮，金軍又再回來(外國人吞中國實不可能，由於中國自信及政治搞得不好)。此時北宋之勤王軍已回，又與金講和，由欽宗親去金京議和，這次條件更厲害，及後金國送欽宗回宋，當時王安石後有太學生、士人，欽宗哭着說"蔡京(宰相)害我。"

金人怕宋不守約，第二年再要求欽宗赴金國，且不放其回國，皇族中人就到吉林省去。有《三朝北盟會編》這部史書，是指徽宗欽宗等三個皇帝的日記，寫得很詳細。但中國今日國未亡，歷史先已亡，這是國恥史，是三位宋皇在北方遼金等國侮辱的記載。

七、金滅北宋

遼為金所滅之後，金遂日趨威逼宋國，宣和七年，金分兩路侵宋，徽宗讓位給欽宗，前已有述。

欽宗靖康元年正月，金人渡黃河，圍京師，議和條件前面已說明。二月金退兵離京師，由於宋悔約不給中山、太原、河間三鎮，於是金再渡河圍京師，並要欽宗再議和，索銀兩絹匹更多。二年正月，金人再邀欽宗去金談判，又由宋付給更多幣帛，二月金劫去宋后妃太子宗戚凡 3,000 人。三月，金人立張邦昌為帝。四月，又劫二帝及后妃太子宗戚去金國，北宋遂亡。

金滅遼後，再滅宋，前後不足兩年，但從金興起擾宋開始，多次需索錢幣絹帛，最後至滅宋，共計亦不過 14 年而已。

八、南宋與金議和

金滅北宋後，自己統管黃河以北，而黃河以南之地，金不欲趙姓為帝統治，故立張邦昌為帝。到南宋高宗立國，金知非趙宋立國已無望，但張邦昌以後，仍欲立劉豫為帝，不讓趙姓主宋。以為金宋之緩衝，但金一面仍與南宋進行和議。因此建炎二年九月立劉豫為齊帝後，而於十月將秦檜放歸南宋(檜因靖康二年反對金人議立張邦昌被執)。時南宋高宗亦畏金，亦欲議和。建議和約內容如下：

(1) 許宋稱臣；

(2) 將河南、陝西之地給予宋；

(3) 送還高宗生母韋太后及已故宗親梓宮。

秦檜並說：不和則韋太后不送還宋，金且會擁立欽宗。當時宋臣均反對和議，只有秦檜願主和，遂再為相。宋臣反和之氣氛為秦檜所壓抑。至紹興九年，金兀朮毀和約，捉執宋使節，分兵南侵，再侵入河南、陝西之州郡，南宋亦出兵，宋軍在此多次戰役中，獲多次之勝利。於是使金國主戰派屈服，重新和議，其條約內容如下：

(1) 宋臣服於金國；

(2) 宋年輸銀絹各 25 萬両匹；

(3) 宋割唐、鄧二州及陝西餘地。

其實當時宋並非不能抗金，此時宋國戰將比前強大，且金國在北方以騎兵勝，但宋處今之江淮流域，且地形於宋有利，且宋之心理氣勢已比前為盛大，地方之財力亦富於從前，此時宋若能上下齊心抗金，金則未必能渡長江來戰。

宋高宗先前不願冒險，岳飛亦被殺，元氣已大傷，金人得此和議，一面整理北方，一面在中原屯兵耕種，並遷都燕京，休養生息達

20 年之久，因此金人又破約南侵南宋，高宗不願再出醜認敗，於是讓位孝宗，但此時宋有相無將。

此時金世宗在位 28 年，號為文治，人稱小堯舜。但此時宋多亂民，仍未達強盛，僅能稍改和約，其大旨為：宋主稱金為叔父，歲捐銀絹各減五萬兩匹。界域同紹興時。

宋孝宗仍感屈辱，遂讓位給光宗，光宗讓位寧宗，遂有韓侂冑之北伐，結果宋敗求和，殺侂冑自解。又訂新約如下：

(1) 宋金為伯姪；

(2) 銀絹各捐十萬兩匹，其他如前約。

此時宋金均衰，而蒙古鐵木真稱帝逞強，只得坐待蒙古軍之來臨。

秦檜以下之南宋，相臣均不濟事，國力不振如舊，此時宋國勢已衰落，而女真金國勢亦漸頹，至成吉思汗伐金，金、宋已同趨弱勢，無力抗蒙矣！

第七章　蒙元時期

一、蒙元入主中國

　　南宋政權向為中國傳統政治，但其由盛而衰，遂由北方南遷至江淮流域，最終致覆亡。

　　蒙古入主中國，為中國之統治權首次落入異族之手中，中國之政治社會，隨即出現大變動。

　　蒙古軍隊震鑠歐亞兩洲，所向無敵，及後逐步部署，終於吞併整個中國。此時元即明清兩代來臨之先兆也。

　　自元成吉思汗至忽必烈滅宋，凡歷五世，歷時 78 載。當時之中國，分宋、金、夏三部，元人用兵，亦先滅金，後平定夏，再取金黃河之地，最終渡長江至南方之地滅宋。元滅上述三部，費力不少。

　　成吉思汗時未能滅金而崩，六年後才攻下汴京，初金哀宗走避蔡州，宋兵與蒙軍合圍，歷時一年而亡金。後蒙、宋交惡，蒙古用六年時光僅攻下襄陽一城。嗣後再耗時六年滅宋。

　　中國地廣人眾，蒙古征服中國，乃最艱困之戰爭。自此蒙古抽調部分軍隊，統治宋地中國，綿延百餘年之久。元入主中國，凡 11 帝，共 109 年。

　　元代世祖最初管治中國三十多年，幾乎每年均用兵，計元世祖 16 年滅南宋，此下尚有 15 年，而元政府以武力奪取財物，於文治鮮有成績。且元代帝位之傳承並無完美之系統，全靠諸王大臣之擁護，故易生紛爭。

元代未入主中國時，已擁有歐亞兩洲，包含四大汗國，故此消滅南宋後，只專注於中國之物阜民富，而元毫不重視文治，故統治中國各省之大臣，無一通中國之文墨，其治理手法，迥異於中國傳統之政制。首先元蒙在政治劃分階級，一切地位不平等。元代將人民分為四等級，蒙古人、色目人(包括西域三十餘部族)、漢人(黃河流域中國人)、南人(長江流域及以南之中國人和宋時人民)四個不同階級，所受之待遇亦各有不同。

漢人南人不能任正官，漢人不得任丞相及左右丞，及參加政事諸官職。元世祖時，有入台省任官之漢人，成宗以後，台省有漢人，無南人，亦即階級很嚴，對南人漢人有所歧視也。元順帝至正十三年江淮兵起，遂委任南人，依元世祖例，可作台、省、院(御史台、中書省、樞密院)之官。

至於地方行政長官，均由元人世襲。州縣之官，則由將校提升，縣尉多屬色目人，因不識漢文，盜賊滋擾大盛。

漢人南人如欲謀求州縣低職，可由納粟、獲功兩途升任，富有者以此得入仕途，出任州縣低職官員。

要而言之，元人對南方漢人持歧視態度，亦不思整頓文治，故亦並非善用漢人南人，所用悉屬壞人，亦不思有好之文治，只求防制反動及徵斂賦稅兩項而已。

二、元代稅收與經濟政策

元代稅收有撲買之制(金國時已有此制)，蒙古太宗十一年，有富人劉廷玉等請以銀 140 萬両撲買天下課稅，耶律楚材反對，後有回回人奧都刺合蠻請以 220 萬両撲買，楚材雖阻而不得。

元世祖初統漢人，尚知體恤南方之農民，至元七年立司農司，專管農桑水利，並有勸農官及知水利者巡視郡邑地方。又在農村設社長，並疏浚水利，使喪亂後之民生，稍有疏解。

元世祖雖為賢王，亦重聚斂生財。但自元滅南宋以後，即以財務為重，而忽略民生。各種商稅課額，日增月漲，未有終止。除常賦外，又有科差，其銀額極重。

元代又行鈔法。北宋時，蜀人已有用"交子"，至南宋又用"會子"，金人則推行鈔法。元承金制，專行鈔法而廢錢矣。元先造"中統鈔"，後造"至元鈔"，新鈔舊鈔，一概通用，發軍餉亦以"中鈔統"為準，後鈔日貶值，竟至十錠鈔也不能換斗粟矣。

至明代，鈔不能通用，而有銀幣代起了。

三、元代軍政及軍民爭地

蒙古的軍隊也是分等級的。最高等級的一種是"蒙古軍"，其次守邊境的"探馬赤軍"；再其次是由中原漢人擔任的"漢軍"；最後的一級是由南方宋人擔任的"新附軍"。"蒙古軍"與"探馬赤軍"的軍籍嚴守秘密，是不讓漢人知道的。

住家並建立里甲制度，20 家為一甲，每一甲的甲主則必定是蒙古人，並禁止漢人去山澤捕獵，亦同時禁漢人習武藝，持兵器，亦不准有集體的漢人做禱告，做買賣，亦不准漢人夜行，這些都是為了防止漢人有異動，想反抗，使蒙古人易於管治。

蒙古人管理下，又多次收牧民馬匹。如元世祖至元二十二年，收民間馬 10 萬 2,000 匹；至元二十七年，收馬 9,100 匹；至元三十年，收 11 萬 8,500 匹。元成宗大德二年，收括馬 11 萬匹以上；元武宗至大三年，收馬 4 萬多匹；仁宗延祐四年，收 25 萬 5,000 匹；延祐七年，2 萬 5,000 匹；天順帝元曆元年，11 萬餘匹；數十年之間，共收括民間馬 70 餘萬匹之多。蒙古人本為遊牧民族，善於騎兵作戰，因此亟需良馬備用，其理甚明。

蒙古人擅長作戰，不善管理財政，故有關錢財賦斂之事，便交給色目回人辦理，但凡於蒙古軍所到之處，便強搶民產，作為蒙古人之家奴。如至元十四年，荊湖行省一地方官將 3,800 戶降民沒入作為家奴，由自己設官治理之，並每年規定其應繳賦稅。

又如至元十七年，阿爾哈雅等將所俘二萬二千多漢人，赦為民，當然亦成為蒙古人的家奴了。政府將此種措施作為對漢人的恩典，其實漢人成了家奴，只是被剝削的苦民而已。

至元十八年，蒙古人平定江南後，將江南之漢人民戶分賜給諸王貴戚功臣，此次受賜之諸王共有 16 人；后妃公主 9 人；功臣 36 人。高級的王有受封一、二萬戶甚至十萬戶者，功臣受賜封的自四萬戶以下至數千戶或百數十戶不等，視其功勳高低而定多少。當時此種奴隸的獻賜、買賣和投靠，是經常發生的。蒙古人一方面擁有漢人家奴，一方面又霸佔民間田地。據趙天麟寫的《太平金鏡策》書中以載，說當時的王公大人家中，有佔民田近千頃之多者，不耕不稼，謂之草場，專供馬羊吃草之用。於是牧場與農田很難分清界限，時常發生衝突。據一本《和尚傳》的書中所記，當時諸王的牧地草地，與民間的耕地混雜一起，於是互相侵奪，有司視何者勢力強大，便讓何者佔有，亦就是沒有道理可講。又在《塔里赤傳》一書中記載說，南北方民戶的農地好壞雜湊在一起，和蒙古軍的牧馬草地大家互相爭奪霸佔。這些都是元世祖至元年間所發生的事。

四、元代賜地及設官政策

元政府常有賜田之舉，元代歷朝以官田賜給諸王公主駙馬、百官太監及寺廟道觀。

而軍人兼貴族的，當然都是蒙古人，他們一面享有政治上的特權，一面又多用回回人經營賺錢的各種業務，以剝削生息。有轄王及偽諸王偽太子偽公主等，均將銀兩交給回回，或借貸給民間收息，如借出一錠（五十両）銀，輾轉十年後，便獲息 1,024 錠，稱為羊羔兒息。但民間則通常只取三分息。

漢、回兩民族在待遇上有種種的不平等。如元世祖時，政府搜刮各方面的馬匹，但色目人有馬者只三取其二，漢人之馬則全數沒收。如在政府任官職，定等級時，往往諸色目人要比漢人高一等級。

漢人中以工匠地位最高。如某次保州屠城，但工匠可免。很多非工匠的漢人便冒充工匠，於是得免於難。

又如蒙古人入汴，依照舊制，攻城不降者則格殺之。當時耶律楚材勸也不聽，便說：“凡弓矢甲仗金玉等工匠，都聚居在這城中，如果把他們全殺了，則一無所得。但他們都是可利用的工匠，豈不可惜。”於是詔令可免，汴城 140 萬戶居民得以保全性命。

元時凡蒙古人或金人，對工匠均相當優待。如《靜修文集》載：金人南遷時，亦同時遷諸州工人到燕京。

又《元史・張惠傳》云：滅宋，籍江南民為工匠的有三十萬戶，選其有藝業者十餘萬戶作為匠戶。

元人任用官職，亦分為軍、民、匠三種等級。匠職的官員甚多，與軍職、民職的官員地位相等，稱為局院官，可見工匠的地位不俗。元時對工匠地位特別尊重，如元世祖時，有渾源人名孫成者，善於製甲，後人贈他 "神川郡公" 稱號，死後諡為忠惠；其子孫拱繼承父業，亦贈其 "神川郡公"，諡文莊。又如當時回回人中有擅製炮者，有擅裝塑者，亦均贈以公並予諡號。至於天文星歷陰陽卜筮之人，元人均給予匠醫地位看待。蒙古人之統治有點像古代貴族封建的統治。他們缺少精神生活之陶冶，只有一種宗教迷信。

五、元代宗教信仰

元人很重宗教信仰，因此，元代的僧侶政治地位佔很高的位置。

元代在世祖六年前，尚是一沒有文字的蠻族，到世祖六年時，國師八思巴才創造文字，在此以前，他們需用文字時，則借用畏兀兒文。到了八思巴創造新文字，元世祖還賜他大寶法王的稱號。泰定帝時，以鮮卑僧言，為全天下立祠，其地位與孔子相當。至世祖時，有僧侶楊璉真伽為江南釋教總統，更為驕縱蠻橫，竟在錢塘、紹興兩地，發掘故宋趙氏諸王陵，又同時發掘其大臣冢墓，計共 101 所；並私自庇護平民，不輸公賦者達 32,000 戶之多。

依照元制在帝師國師之下，僧侶可封為王公，可見僧侶在當時極受尊重。

皇室重視做佛事，所支出之費用超過國家政費之大半。元成宗時，有張養浩上《時政書》，書中謂國家經費如分為三份，則僧侶要佔二份。如明宗時，中書省言佛事，其費用要增多金 1,150 兩，銀 6,200 兩，鈔 56,200 錠，幣帛 34,000 餘匹，可見銀數之巨大。

同時，寺廟亦擁有龐大之財產物業，與貴族王公不遑多讓，可謂是一種封建勢力之延伸。至元二十八年時，當時有僧寺 42,318 間，僧尼 21 萬 3,148 人。其中如大承天護聖寺，順帝至正七年時就撥給它山東 16 萬 2,000 餘頃地。前後兩次共賜地達 32 萬 3,000 頃。

又如大護國仁王寺，便有水陸田地 10 萬頃，並賜 37,059 戶。可見僧侶們財雄勢大。更有甚者，當時僧侶禍害社會，罄竹難書。如武宗至大三年時，監察御史張養浩上書謂異端太橫，稱有佛老之徒，畜妻育子，飲酒食肉。又如泰定帝二年，在平涼府靜會定西等州，見西番僧人身佩金字圓符，絡繹道路，傳舍不能容納，則借宿民舍，姦污婦女。如奉元一路，七個月之間，有僧侶往返達 185 次，用馬 840 多匹，比諸王行省之使，還多泰半，可見其擾民之深。

六、元代科舉制度

元代時，漢族之士人亦與普通平民一般被當作奴隸看待。後來由於長春真人丘處機得成吉思汗之信賴，因此其徒眾得以免賦役。長春真人之全真教遂大行其道，文人被蒙古族迫害者多歸信之。

後來元人中有明白漢化者，勸諫在位者，漢族士人待遇遂稍得紓解。如元太宗時，淮蜀士人遭俘虜為奴隸者有 4,030 人，因此免為奴隸者有四分之一。又如元世祖取得鄂州後，俘虜之士人得以贖還者有 500 多人。

元太宗時，耶律楚材說：“製造器皿必須用良工，協助政務者必須用儒臣。”培養一位儒臣非易，必須積數十年之經驗，於是元政府將隨郡考試之儒人被俘為奴，以便協助治理政務。於是南方的儒學藉着這些俘虜遂遷到北方去了。並且於元仁宗皇慶二年，舉辦科舉考試，規定蒙古色目人考的是《大學》、《論語》、《孟子》、《中庸》，名為經問五條，用朱子《章句集句》版本。第二場考策一道，用時務出題。漢人南人則考明經，亦用上述四本經書，另一場則考經義一道，各治一經，以《詩經》、《尚書》、《周易》三經選其一，以朱子之注為主，可兼用古注疏，尚有古賦及考經史時務政策。此制直至清末，科舉以四書之義取士，便由此時開始。還有行省制，也是此時開始，此兩制度一直影響明清兩代達 700 年之久。

但元代開科取士的次數甚少，舉行時間亦不長，元仁宗開科取士，已在宋亡後近 40 年。科場三年一考，至元順帝至元元年科舉即停辦，前後僅 20 年，到至元五年再有科舉，總共不過 20 次而已。

根據《續通典》一書記載，元代由進士而擔任官職者只有百分之一，反而由小吏積功升至顯要者佔百分之九十。至順帝時罷科舉，許有壬向當局爭取，謂白身升職者在是年四至九月達 73 人，而科舉一年只錄用 30 餘人，但成效不大。

據《輟耕錄》卷二十八記載，揭發江浙鄉試有舞弊，已失考試本意矣！

總之，元代統治中國歷時一百餘年，他們未能接收秦漢以來的傳統文治政權意識，始終有封建武裝之氣味。蒙古人雖曾雄霸歐亞兩洲，最終卻在漢人反抗下，退讓出對中國的統治。

第八章　明朝時期

一、明太祖嚴刑施政

明太祖朱元璋是中國歷史上第二位以平民身份崛起，而成為皇帝的人。歷史上首位是漢高祖劉邦。

明太祖在位 31 年，實行封建制度，殺功臣廢相，傳位給惠帝，因靖難之變四年而下位。繼任者成祖，遷都燕京，成祖對外征服四方，並派鄭和出使，招致南洋各國，為明代最有成就的君主之一。此後以孝宗之政治較為清明，此後以穆宗用張居正為相，平倭寇，和俺答族，政績亦不俗。穆宗可說是明代自成祖以後的一位好皇帝。

明代共 16 帝，歷時 277 年，如加入南明三帝，則共有 19 帝，達 294 年，近 300 年矣。

明代本來有良好的政治制度的傳承，可惜由於太祖朱洪武廢宰相，因此把政治制度搞壞了。明太祖多猜忌之心，他平定天下時已年逾甲子，太子又早死，孫又孱弱，他為了鞏固朱氏政權，便分封諸子，各設衛兵 3,000，且有多至 19,000 兵丁者，一面盡殺功臣諸將。

太祖洪武十三年，左丞相胡惟庸遭誅，牽連被誅者三萬餘人。又有藍玉之獄，誅殺 15,000 餘人。太祖之所以如此嚴刑峻法，實鑒於元代政務廢弛。有人曾謂，當太祖在位時，每日京官入朝，必與妻子先作永訣，至晚無事回家，則夫婦互相歡慶以為又活一日。因此當時的名人多不願任官。據《明詩綜》記載，當時著名大臣任內死於非命的為數極眾，如靖難之變，方孝孺夷十族，受牽連而誅殺者達 847

人。當時的大臣，受籐條打屁股恥辱是家常便飯。

　　太祖時，永嘉侯朱亮祖父子皆受廷杖而被鞭死；工部尚書夏祥立斃杖下，其後更甚。又如武宗時，宦官劉瑾矯詔百官都要跪在奉天門外，按命 300 餘朝官入獄。孝宗嘉靖年間有大禮議，下獄受廷杖之大臣達 134 人，其中因病中受創傷而死者 18 人。莊烈帝時大臣多用刑下獄。明代政府對大臣濫用刑殺，其慘酷無道，為有史以來所僅見。

　　據《魏叔子集》一書所記述，大臣受廷杖時，眾官朱衣陪列，用木棒大力杖擊犯人露出之屁股，頭面朝地，而滿口土塵，受杖者多死，即使不死，亦敗肉數十磅，醫治也需數月之久。

　　宋太祖鑒於唐代中期武人開始跋扈，因此積極扶植文官。明太祖則認為自元代沒落後，功臣宿將多已誅殺，兵卒多已還鄉歸田，於是認為社會上唯一可怕的只是讀書人，但處理政務又一定要用讀書人，於是一面推行封建，以擴大王室力量，一面廢除宰相，由王室管理國政，但又不能不任用讀書人(士人)，因此，用嚴刑峻法威懾之，使士人在王室的積威下臣服。

　　明太祖廢相的私意，卻使明代政治走上了歧途，當時的宰相張居正，為欲掌權治政，便曾引用"祖宗法度"來鞏固其當政之權力。

　　黃宗羲之《明夷待訪錄》認為，明代閣臣之賢，不過只做到"法祖宗"而已。因為位輕，不得不假祖宗以壓後王也。張居正所言，則是做祖宗之法以抗朝議也。

二、明代政制

　　明代廢相後，取消了中書省，保存了中書舍人的官職，只是個七品官，處理文書而已。也取消了門下省，保存了給事中的官。雖是七品官，但有封駁之權。尚書省不再設令僕的官。升六司尚書成部級官員，是二品官。為了幫助皇上處理文書，另設內閣大學士。當時設立大學士者有四個殿，為中極、建極、文華及武英四殿；另有兩閣，即文淵閣與東閣。

據林承澤的《春明夢餘錄》記載，洪武十七年九月中旬，八天之間給事中張文輔收到給皇上的奏摺計有 1,160 件，共 3,291 件事。所以君王如要獨裁，一定要龍精虎猛，不然一個月收到的奏摺將達到 3,000 件以上，即平均每天要看並處理 100 件公文（每件公文有三件事以上要辦）。這個君王要有銅頭鐵臂，不然，一定吃不消。所以，明成祖以後由翰林院的侍講、侍讀、編修、檢討等官員協助皇上閱卷，稱為內閣。

到了永樂、洪熙兩朝，皇上召內閣密商，但批答仍由皇上親筆；成祖時，有解縉、胡廣入文淵閣助皇上閱卷；仁宗以後，有楊溥、楊士奇、楊榮稱三楊，以東宮師傅舊臣，資格兼內閣學士銜，地位較前為隆，其他臣僚地位均在內閣學士之下了。

至宣德年間，內閣可用小票墨書，貼在奏章封面代皇上御批，謂之條旨。至於皇上寫詔誥起草，唐時有中書舍人，後由翰林院的翰林及內閣學士代擬，明代的中書舍人，只是七品小官，專職書寫而已，而明代詔誥多數由內閣大學士起草。

明代的大臣，如內閣大學士，不易見到皇上。如憲宗成化以後，一直到熹宗天啟，前後共 167 年，期間只有孝宗弘治末年間，曾經延訪過大臣。而世宗、神宗二十餘年並未視朝，大臣也從未見過皇帝。《野獲編》記述一則笑話："憲宗患輕微口吃之病，所以與大臣很少對話。有一天，召內閣學士萬眉州(安)、劉博野(吉)、劉壽光(珝)等人見憲宗，當皇上與他們談到時政時，他們均不能應對，只懂得叩頭呼萬歲而已。"因此有"萬歲相公"之譏。所以明代中葉的帝王多數不見羣臣，趙翼的書中也有記述。

明代中葉後，各君王與大學士諸大臣很少相見，相見也不過視朝數刻，君或不識臣，臣或不與君王交一言，君臣之間只是章疏批答相關接，刑名法度相把持而已。總之，明代君王昏惰，明代政情安得不亂也。

由於皇上懶理政事，於是歷朝權臣時有產生。如世宗時，有夏言、嚴嵩操弄大權。嚴嵩控政弄權達 20 年之久。主要是明代君王有的實行重法，有的則荒怠不理政事，這都足以使權臣弄權。內閣學士之權最大是票擬，但不能直接見君王，中間隔着太監。

三、明代太監弄權

明代的帝皇並不親赴內閣關注政務，只是讓內閣學士票擬，此票擬必須由太監遞上，因此司禮監之權，往往超越內閣學士，意即太監較宰相還易於攬權。

武宗時之太監劉瑾，專權更甚，大臣凡有奏議，竟有改易者。劉瑾這個司禮監，每有呈給武宗皇上之奏疏，必定趁皇上正有嬉戲時，於是令皇上厭煩，不欲理政事，便斥責道："我用你來幹甚麼，現在又來煩我，快走開。"其實，劉瑾本意是就是想造成此現象，則他便可乘機弄權！於是，每有奏事，劉瑾便替皇上代決，不再告訴皇上。但劉瑾不學無術，批語荒唐，靠其助手焦芳替他潤色。為此事，大臣大東陽首上疏皇上告狀，謂劉瑾竊得皇上批答之權，而箝制內閣大臣，非常不妥。其實洪武時，曾鑄鐵牌掛於宮門中，謂內臣不得干預政事。但永樂開始，太監就弄權了。此後太監弄權日益囂張。因此，以後內閣學士等大臣想把握政權者，往往先得交結內監，即使是為皇上信任權重一時的張居正，當時亦不得不交結太監馮保。

清儒黃黎洲曾論斷，明代政府之敗壞，乃自明太祖廢宰相始。明代一面廢相，一面施行嚴刑峻法，如太祖時設錦衣衛，永樂時設東廠，由宦官管治；憲宗時設西廠；武帝時，用劉瑾管西廠；神宗時由馮保管內廠，即是變相的西廠；魏忠賢時，兼設內外廠，刑罰更毒，這些成為皇帝的私法庭，可不經政府司法機關，私自處分朝臣，甚至虐殺，其權均操於太監之手。

總之，永樂年間，設立內監協助有功大臣處理軍紀事務，需更多太監，以協助邊塞的巡視；派軍出征邊疆時亦派太監為監軍。太監權力遂伸入於軍事。

其後，明代皇莊之管理、礦稅之查收，還有上供、採造等有關財務的措施，也讓太監插手，又如永樂中派鄭和下西洋、派侯顯出使亞番、派馬騏鎮壓交趾，都用太監出使。到熹宗時，司禮監魏忠賢大權在握。有浙江巡撫潘汝禎者，竟為魏忠賢在天啟六年立生祠，可謂馬屁逢迎，無所不用其極。亦有建議將魏忠賢配孔子者，實在十分荒唐。要到崇禎年間，重罰搞事內監，有充軍者、有處決者、有革職閒住者，太監弄權亂政之風遂被遏抑。

四、明代黨禍

明代中葉以後，由於太監弄權，諂媚之風大盛，造成政局混亂，如嚴嵩當國師時，朝中士人認他為義父者多到有三十餘輩。張居正患病時，朝中幾乎全體大臣都為他設醮祈福，幾乎朝中及地方官吏一致出動響應，只有一個顧憲成，守正不阿，堅決不參與阿諛奉承。此種反詔媚阿諛之風影響及於講學之書院，於是張居正出而盡力摧毀天下書院；魏忠賢則前後殺六君子 12 人，於是明之黨禍開始大興。

由於明代政權黑暗，賄賂極盛。王振弄權時，有朝臣見他，必須付出巨金，才可獲得升遷等好處。當王振逝世後，在他家中搜出金銀 60 餘庫，玉 100 盤，珊瑚六、七尺長者二十多株。又如宦官李廣死後，明孝宗搜查得眾大臣賂贈給他的黃金白銀各千百石。又如劉瑾失敗後，抄家查得大王帶 80 束，黃金 250 萬兩，銀 5,000 萬餘兩，其他珍寶無數。其實劉瑾弄權不過六、七年而已。

嚴嵩為相 20 年，積累黃金 3 萬餘兩，白金 200 餘萬兩，珍寶無數。當時不但朝中大臣要賄賂，即使州縣小吏，亦要用錢買位，每逢戶部(即今之財政部)發邊餉，早上取出，下午就搬進了嚴嵩府中，真正用於輸邊者只有四成，視作餽贈給嚴嵩的卻有六成。即使嵩之家人亦餽贈達數十萬，當時政府庫房積存已不足以支付邊餉一年之費，而嵩所積存之金銀財富卻可支用多年。嵩本籍為袁州人，卻廣置良田美宅於南京等地達數十處。又如陳演罷相，無法帶走其所積存之財富，遂為闖賊所得。於是遂興起黨禍，流寇之隨處亂竄，明室之國脈安得不岌岌可危。

五、明代教育制度

1. 貢舉制

明太祖重視教育，興辦學校，因為辦政務非用讀書人不可。其貢舉制十分完備。據永樂大典記載：洪武八年頒佈學校貢舉制度，各地方分辦兩種學校，一種是府州縣辦理的學舍，有定額，每天供應生員飲食；一種是鄉里辦學舍，每 35 家辦一社會，生員沒有定額。

府州縣所招收的學生以官員子弟及普通百姓子弟之優秀者，年
15 歲以上，讀過《四書》的為及格。科目有經、史、禮、律、樂、
射、算等項。每月有小考，大考三年一次。成績優秀者，先送到行
省，再選拔最優者送至京師，妻子可隨行，負責一切費用。學成後由
天子召見，分科擢用。其任用之職務有御史、知州、知縣、教官、縣
丞、部院、書吏、五府、掾史等。

　　至於鄉里學舍之教師，由郡守縣令選擇有學儒者擔任之，鄉學亦
三年一大考，師生均有升級制度，明代之辦學校，其盛況超過了唐宋
時期。

　　明代州縣各地方均辦儒學，全國教官共 4,100 餘人，弟子無數。
生員如不入學則不得參加科舉考試，即是學校與考試兩制度融合為
一，比唐宋時期進步，但明末時此制度已漸廢壞，實在十分可惜。

　　至於國子監學生，相當於今日京師之國立大學學生，畢業後分發
到諸衙門先學習吏事，亦有派到外面去辦理田賦，清查戶口冊，及興
修水利等。凡有出身優異者，如洪武二十六年，全部國子監畢業生
64 名調派擔任布政使與按察使，以及參議副使、僉事等官，甚至有
擔任四方大吏者。至少亦可擔任府州縣的六品以上官員。

　　明代的國學亦比唐宋時期為佳。學生出來，給予歷練，待遇亦
佳。到了明代中葉，名儒輩出。

2. 翰林院

　　唐朝才開始設立翰林院，相當於秦漢初年之博士及郎官，也相當
於漢武帝時多用文學之士擔任侍中，可參與國政，幾可奪宰相之權。

　　宋代的翰林學士，亦在皇上身旁，掌理制誥侍從備顧問，為讀書
人所樂於擔任。

到了明代，翰林院規模更形宏大，成為中央政府內最高之學術集團，與皇室關係密切。內閣學士便是從翰林院分出來的。

英宗正統七年，翰林院落成，所有地位高的筵官、史官均歸入翰林院，稍後竟稱為內閣。此後輔導太子的詹事府官職，竟亦成為翰林院的旁支。

明代翰林院還有一創舉，即增設庶吉士。永樂年間開始，成績最優的第一甲等可入翰林，凡二甲、三甲則為庶吉士。最先庶吉士可進學於內閣，庶吉士需要長時間之受教習，長則八、九年，短的也要四、五年，然後才可任官，有的不堪受長時期的學習，便改授其他職務。

翰林院可以說是儲才養望之地，又可網羅名儒後秀，儲材備用，故翰林學士除了擔任講官、史官、修書等職務外，還有如議禮審樂、定制度律令、論薦人才、指斥奸佞等職務。

所以翰林學士是為國儲才以便大用，而庶吉士則為英俊後起，侍從臺閣，可飽受親切的教育，以作為國家未來的候補人才，對政治上人才的栽培，十分有貢獻，也非常重要。此後清代亦沿襲此制度，造就了不少為國服務的人才，在政治上、學術上的貢獻非常大。

3. 察舉制

明初罷科舉十年後又厲行察舉制，同期又兼行薦舉制。中外大小臣工，都有權推舉，即使最低下之倉庫雜流，亦可推舉文學才幹之士。因此隱居於山林茅屋者，無不均可受推舉而上達中央政府。曾經有一年推舉達 3,700 餘人，即使最少者亦每年達 1,900 餘人。

因此，有布衣平民上達中央外任大官者亦不可勝數，因為選用人才，不拘資格故也。故有直接成為大學士者，亦有擔任尚書侍郎者。

永樂年間，有入翰林院為翰林者，在地方上則有升任藩司高官的。

又容許富戶耆老晉見皇上，如果奏對稱旨，便可獲得好職位的美官。

同時，明代又獎勵人民上書言事，即使職務低下如百工技藝，也可上書給皇上，甚至可直接與皇帝應對答問，自明初直至寅宗、英宗，即使是看關之卒吏，荷槍之小兵，只要陳說允當，即可升遷至帝閣任職，即使到了英宗、景宗時期，亦多至不可勝書。

六、明代吏治

明代雖已取消門下省長官，但仍保留六科給事中。凡有聖旨下來，必先經過六科給事中，凡有不當之處，六科給事中有權駁正再發給部，稱為"科參"。其下屬不敢違背科參而自我行事。又給事中亦有權參與廷議大事，廷推大臣或重罰大臣，給事中均得預事。

因此，如果君皇賢明、學校貢舉制認真推行，翰苑制度認真培養人才，地方官僚以及民眾便人人奮發有為，因此，自明太祖以來，吏治清明達百餘年。當時之地方官，常有人民乞留而留任，且有升官者，由地方小吏升為中央大臣者比比皆是。亦有由中央尚書出任為地方布政使者，由侍郎升任為參政者，並實行重罰貪吏，故明代之吏治，實超越唐、宋之上，幾乎有兩漢之風也。故即使到明代晚年之英宗武宗時期，仍然民心安定，亦少貪瀆之吏。

但嚴格來說，英宗王順以後，巡撫地方大員漸漸專權自大，使監司牧守不能暢所發揮其使政，遂造成重內輕外，即中央政府特受重視，以致忽略於地方政府之施政。

又如明初沿襲唐代之府兵制度，自京師一直到郡縣皆設置衛所制度，凡地方上一郡者設所，連郡者設衛。大約以 5,600 人設一衛，1,128 人設千戶所，112 人設百戶所。地方上由都司統領，中央由五軍都督總管。遇作戰時命將任總兵官，統領衛所之軍兵。戰事完畢，則將交還所佩印給中央，官軍各回衛所，每軍給田 50 畝，如田肥者減為二、三十畝，如田瘠者則增為 70 至 100 畝。最盛時衛所軍達百餘萬。中央須供應糧餉五百餘萬石。官俸兵糧均從此出。故明太祖曾自負地說："吾養兵百萬，不費百姓一粒米。"較魏晉時期為優。

此外，明代洪武時尚有整頓賦稅之黃冊與魚鱗冊，後來清代亦一直沿此制度。

又如武功，明代亦足以與漢唐相媲美。

大體言之，明代的政治設施，雖然並非十分理想，但自兩漢、唐宋以來，明代亦可算是一個昌明時期。可惜嘉隆以後，吏治日衰，民生日苦，遂趨於亡國矣。

七、明代政制

以下再談明代政制之腐化。由於明代承平年歲甚久，遂使科舉進士日重，而學校貢舉日輕。但學校可培育社會需用之人才，科舉卻只是就社會現有之人才中選拔，薦舉更為稀少，於是人才多由科舉進士出。

英宗天順年間開始，非進士不得入翰林，非翰林不准入內閣，但翰林人才只限於某些科目，並非完全齊備。而此後之庶吉士變成有名無實，不再受重視。但當時之進士，沒有理想職位時多數請假返鄉，甚至有居家數十年者，等到有尚書侍郎的官職，才入朝供職。

明代之翰林院為儲備人才之地，吏部則為選擇人才之所，此兩處為明代所特重。

明代吏部的選舉法有四種：一為學校；二為科目；三為薦舉；四為銓選。天下人才大致出於上述四類，可見吏部之權重。

當翰林院無法培植人才時，吏部選舉曾有用抽籤之法，分四個地區抽籤，一為東北，以北京、山東地區為主；二為東南，以江、浙、閩、桂及江西為主；三為西北，以陝西、山西為主；四為西南，以湖廣、四川、雲南、貴州為主，官方與民間均十分贊同，認為十分公平。

至於科舉，則初為考經義，後變為八股。顧亭林謂：科舉之害，甚於咸陽之坑儒，實為敗壞人才，等同焚書。因此造成明代士人與官僚學識空虛，造成胸無點墨。由於明代帝王怠惰專橫，雖然當時風氣獎勵廷臣發表議論，但由於空疏無學，只是叫囂而已，遂造成議論誤國。

朝中大臣趨炎附勢，諂媚成風，互為傾軋，遂使黨爭日烈；地方官員則毫無教養，浪費公款，無補時政。而土豪劣紳與日俱增，顧亭林在《日知錄》批評道：“自萬曆以上，法令繁而輔之以教化，故其治猶為小康。萬曆以後，法令存則教化亡”，造成“老者不教，幼者不學，為俗之不祥。”當時之人只是空談明心見性，而不談修己治人之實學，萬曆間人看書不看首尾，只看中間兩三行。其所著，多是盜竊。因此造成社會日亂，神州傾覆。

由於明代時局平靜，武備軍工相應鬆懈了。軍政本歸兵部統管，邊疆遇有騷擾，調兵撥餉統由兵部主理，武臣總兵毫無話事權，此後之衛所空洞無兵可用，致生募兵之制。

明代政治，起初靠君王有獨裁之權，下有清廉負責之大臣，故尚可支撐大局，但由於宦官攬權，官僚不負責，造成政治教育破產，兵制田畝制崩潰，最後是國家經濟破產。

　　至於明代財政，英宗以後亦日見缺乏。財政困難的首要原因，是皇官內府供奉日廣，皇室衣着重視新巧，飲食日費巨萬。嘉隆年間，皇室僱用之廚工多達 4,100 餘名，其奢侈可見一斑。又如武宗修理宮殿，即加徵田賦 100 萬両。再加上歷朝宦官之貪瀆，所費更多。

　　其次是宗藩，唐室的宗親是分散於民間，明室的宗親則分封列爵，不農不仕。正德年間，已有皇室親王 30 人，郡王 215 人，將軍中尉 2,700 人。到了嘉靖年間，經御史林潤公佈，天下百姓供京師糧 400 萬石，但要供應皇室宗親祿米卻需 854 萬石，即使全部供給諸府，還不足一半。此後歷朝所欠供之祿米，年復一年，日益加重，皇室更難負擔。

　　第三是冗官，尤其是武官過多。如景泰年間，京都衛所武職，一衛已有 2,000 餘人，全部共 3 萬餘人，每歲需銀 48 萬両，米 36 萬石。其他薪俸等動經百萬。耗損國家儲備，極為巨大。

　　嘉靖時大臣劉體健上疏道：“歷代官員數目，漢代七千八百名；唐一萬八千名，宋代冗官極多，至三萬四千名；但到明代成化五年，武職已逾八萬，全文武官員達十餘萬，已比宋代多數倍矣！”可見夏秋稅糧不足支付甚巨。

　　以上數項因素，使王室欠缺祿米、衛所缺月糧、邊疆缺軍餉、各省缺俸銀，且冗官日多，募兵日增實減，因此民窮財盡，遂成亡國致命之傷。

第九章 宋元明經濟變化

一、自唐至明南北經濟之變動──經濟上的漕運

唐代中葉安史之亂以前，中國經濟之支撐點偏重於北方的黃河流域，當時的漕運是一個大問題。

漢代初年，只是把山東之粟漕運到京師地區，交給中都官。三國時，南北朝對峙，誰也不靠，各自立國。

隋煬帝開運河，大業元年開通濟渠，四年開永濟渠，前者將西部糧穀經洛水運到黃河，又從黃河通到淮海；後者是引沁水南達黃河，北通涿郡，設置洛口的回洛倉，設 3,300 窖，每窖可容納 8,000 石，以收納從東南、東北兩渠所運來的糧食。這並非北方要仰賴南方的糧穀，只是要把北齊、北周與南朝三者打通一氣。

到唐代時，江南戶口日多，租調也大增，漕運遂成為大問題。

開元二十五年，開始用和糴法，此法是用官府的錢，以糴入民間的粟。說明中央政府單靠北方之粟已足夠了。據《新唐書・食貨志》記載，韋堅開廣運渠，每年漕運山東粟 400 萬石給京都，但並不說其他地方運粟給京師。據天寶年間的記載，米粟產量最盛是在河南、河北，及關內、河東等地，然後才輪到江南、淮南，可見當時北方勝於南方。

但安史之亂以後，唐政府要靠長江一帶財富立國。及後河北與山東便有藩鎮割據，中央政府無法收取租稅，唐政府的財政遂永久偏倚南方。此時從長江入黃河之漕運，遂成國家大事。如德宗時，便曾因

為江淮米未能運達，六軍將士脫巾狂呼於道。

蕭宗時，財政大臣劉晏的拿手本領便是能辦好漕運。史稱劉晏每年運江淮之米達數十萬石到關中。

不過南糧北運之情況不算頻密嚴重，北方經濟尚可自立。

宋代建都汴京，主因是為了遷就漕運。當時的漕運有四條路線：第一條線是汴河，大體每年自江、浙、湖南北運米到北方 600 萬石左右，及菽 100 萬石，從長江入淮河，再輸入汴水。第二條線是將陝西之粟 50 萬石及菽 30 萬石，自三門白坡入黃河再入汴。第三條線是惠民河，將陳蔡的粟 40 萬石及菽 20 萬石從閔河、蔡河輸入汴。第四條線是將京東的粟 12 萬石，從五丈河經歷陳濟及鄆，為曹濮等州所運，謂之北河。

宋代全國統一國家財賦，大部依賴南方。南宋歲收，更超越北方之上。宋初之歲入 1,600 餘萬緡，為唐代之兩倍，熙寧時增至 5,000 餘萬緡，南宋時更增至 6,000 餘萬緡，地狹而賦更多。

元代建都燕京，米粟仍靠賴江南，當時還創造了一種海運。元之海上漕運，官民均甚便利，船 30 隻為一綱，大都船 900 餘隻，運漕米 300 餘萬石，有船戶 8,000 餘戶，每綱設押官兩人。創造海運者為朱清與張瑄，本來為海盜，因立功而位至宰相，其親屬皆任大官，田園遍天下，庫藏倉庫無數，並擁有巨船大舶，成宗年間，沒收其所有財產。

元世祖時，海運 250 餘萬石，其後累增至 350 餘萬石。可見其海運之盛。

明代漕運經歷五次變化。首先是河運，即自淮水入黃河；其次是海陸兼運；第三是"支運"，即永東九年開運通河後，開始支運；第四是"兌運"；第五是"改兌"。

　　所謂"支運"，乃是規定蘇州、松江、常州、鎮江、杭州、嘉興及湖州諸地之糧，撥運淮安倉，將揚州、鳳陽、淮安之糧撥運到濟寧倉。餘類推。

　　所謂"兌運"，民間只運至淮安、瓜州，再由兌與衛所官軍，運載到京，給予運費與耗米。

　　所謂"改兌"，即是令裏河官軍運赴江南水次交兌，而官運長運，遂變成永久之制度。

　　所用運船，在明代天順以後，有固定船隻 11,770 隻，官軍 12 萬人。

　　以運糧數量比，北糧只有南糧五分之一。當時中央全賴南方供應糧食，運費亦成為國家每年的大耗費。

　　清代之漕運額亦定為 400 萬石。各省漕運原額，約為南方四、北方一之比。但乾隆十八年之統計，則為南八北一。到乾隆四十四年，其漕運額又變為南十北一之比矣！

二、元明絲織業

　　我國農業除耕種外，便是紡織。米與布帛為國家租調兩大稅項。

　　中國發明蠶桑甚早，且先是在北方出現，春秋時代北方地名用桑字者甚多。到漢代，黃河流域的山東臨淄、河南襄邑，均成為中國絲織業的中心，而南方則未見痕跡。

　　當時北方種桑極多，目的為了養蠶、吐絲後用來織帛。隋唐時期絲織業在北方極盛，江南各州則未有此業。唐代絲織業最盛者乃在開封、安徽等地，但主要分佈在黃河以北，其主要產地在河南、河北、河東，及關內甘肅等地，至於唐代開元時期，江南及嶺南產地只是少量而已。

五代時期，後晉石敬瑭每歲輸貢契丹絹 30 萬匹，乃出於黃河南北之產地。

宋代汴京織物頗負盛名。宋綿名目多達 42 種。靖康年間，金兵入汴，索絹 1,000 萬匹。但認為浙產之絹輕疏不佳，予以退回。

元代時北方尚有大規模之種桑地區。至順元年，史載冠州(山東省地區)有蟲食桑葉 40 餘萬株，可見蠶桑之盛。元初有每戶稅絲之制。每戶出絲一斤供官府之用，另每五戶出絲一斤供給君王之貴戚功臣之家。

明初絲織業從北方移向南方，因此絹稅也變成三與一之比，即南方多於北方兩倍矣。至唐代以後，北方輸絹給政府日少，南北比例到了八比一的程度，即南方多於北方八倍了。

明代又在南方遍設織染局，計浙有杭州、紹興、台州、寧波、溫州、金華等九府；江西、福建則有福州、泉州；四川、河南；山東則有濟南；江蘇、安徽則有鎮江、蘇州、松江、徽州等六府。到了嘉靖年間，因江西、湖廣(湖南與湖北)、河南、山東不善織造，准用銀錢折價，但浙江與南直(今江蘇及安徽)每年徵用絲絹 28,000 餘匹。

到清代時，只剩下江蘇、蘇州、杭州三地織造，即只有江蘇和浙江兩省，且兩稅均用銀兩繳納矣。

三、中國經濟文化南移原因

中國社會經濟文化南移之原因，或有謂北方之氣候逐漸寒冷；又有說北方之雨量比之古代已逐漸減少；或又認為北方之民族血統，愈後愈多混血種族，因此而出現文化倒退；或又有說黃河河道多次變遷，造成水患頻仍等。上述各項並無確實理據可以證明，尤其是謂黃河為北方之患，長江為南方之利，此說法則甚謬也。

我國文化，始於殷朝時發源孕育於黃河流域，到西周時，仍有賴黃河、渭水的灌溉。到了周定王五年，黃河始生水患。但魏文侯時，有西門豹始起大修水利，北方仍是安樂之居。此後，黃河河道多次變遷，造成水患。如周定王五年、王莽建國三年、宋仁宗慶曆八年、金章宗明昌五年、元世祖至元二十六年、清咸豐三年，造成六次決水，但主要的水患是在宋代以後，宋後河患所以多，由於他種原因，而犧牲了河流的正道。

第二個原因是政治腐敗，河工貪腐瀆職，以致政府在水利工程上，花錢多而收效少。

第三個原因是當遼、宋對峙時，邊界常生亂事，不得生活安定及種養。常令皇帝御駕親征，耗損巨大而耕種荒廢。

第四個原因是宋、夏對峙時，情況與遼、宋對峙相似，邊界受侵犯以致不能生產安居。

第五個原因是在金人統治時期，政治情況退步，尤其是當時金之屯田兵損害了北方之農村。

第六個原因是蒙古軍隊之殘殺。宋寧宗時，蒙軍破金朝河北及河東等地凡九十餘州郡之多。兩河、山東數千里之地，人民被殘殺幾盡，財帛子女牛馬羊畜，盡被搶光奪去，城屋被燒毀，能堅守之州郡不多。

第七個原因是元代政制黑暗，元代有軍人及民眾各自屯田；又有寺田，僧徒更常侵奪民田，包庇逃稅。又創官田制，極為擾民，因此造成農民亂竄。

第八個原因為元末北方之殘破。當時淮河以北，黃河以南，極為蕭條。都成為丘墟了。

由於以上種種情形，政治黑暗，加上兵禍天災，情況日壞，因此，漢唐時期北方的黃金時代，已不再復見矣！

四、南方水利農業發展

中國南方社會的經濟文化發展，主要在長江以南的江蘇、浙江一帶。江浙的水利事業發展，乃是歷年來不斷由水利專官積累而成。

五代時吳越建國，政府常僱用數千工人，用來治河築堤，開墾種植。宋仁宗時，更有大規模的圩田以及河塘。所謂江南舊有的圩田，每一圩田方數十里，如一座大城。其中設有河渠與門閘，旱時開閘引江水入田，水浸時則閉閘以拒江水。因此免除了水旱兩災，為農謀利。

宋代南方文化日高，仁宗時，就有至和塘之修建。此至和塘建自崑山到婁門，凡 70 里長，只有積水而無陸路，後來有人發明在此水塘中建堤，每隔三、四里則造一橋以通南北之水，此事詳記於邱與權的《至和塘記》。

宋神宗時，有一位崑山人詳論蘇州水利，他認為環繞太湖之地有 200 餘里，可以造田；又有沿海之地，亦有數百里可以為田，前者在水之下，後者在水之上，有聰明人將上述之田闢為圩田，而且用適當措施，使水災不浸，旱災不乾，均成為良田也。這位崑山人建議學古人治水之法，使之縱則有浦，橫則有塘，憑人力均可完成。

宋以前一千多年中國經濟文化之重心在北方，宋以後則遷到南方來了，這就是包括蘇州在內的三吳水利，成為宋以後中國南方經濟文化的重要營養線。

　　當時三吳水利，不但重視水利之興修，也極重視種子的選擇。仁宗時，因江、淮、兩浙之地多旱災，水田難種，於是派使者前往福建，取得占城稻三萬斛，此為旱稻，於是解決了旱稻可早熟之期望，而避免了亢旱之苦。

　　宋室南遷後，對江南地區更大力開發，一面以百萬之眾大興水利，並且有大量北方難民，一齊參與開發南方的土地。

　　紹興五年時，有屯田郎中樊賓建議，江南湖廣等地膏沃之田數十里，無人可耕，如讓北方士民幾千萬人來南方盡耕荒閒田地，則地無荒田，人無遺力，國可中興矣。於是大興水利計劃，遂有“蘇常熟，天下足”之諺語產生。不過美中不足者，兼併之事，因之而生。

　　由於當時豪強的兼併，富者田連阡陌，兼且逃避賦稅，因此遂有公田制的產生。當政府沒收貪官之大量田畝後（此等田均為官田），於是景定四年，宰相賈似道實行限田之法。

　　宋代官田租額甚重，元明時繼承之。元代時並將官田經常賞賜給大臣。

　　此時期蒙古色目人視江南如在天上，紛紛想方設法遷來江南定居；回回人來江南居住者更多；北方此時來南方設法工作亦接踵而來；北方人尤為愛重欣賞江南人之技巧精靈。而此時江南人兼併之風，更為有增無已，富室奴役貧者，動輒百十家，有多至萬家者。因此江南成了少數大地主（含蒙古、色目及漢南人）與管治多數佃戶之局面。而大地主之財富佔了天下十分之七。因此，明代時籍沒土豪田租，但田租仍照舊額付與政府，此法南宋時已有。

　　當年富庶之區在江南，天下的租賦，江南佔了十分之九；浙東、浙西又佔了整個江南的十分之九；而蘇州、松江、常州、嘉興及湖州五府又佔了江南的十分之九。而蘇州更甚，蘇州一府都是官田，而民田不過十五分之一而已。

假使以蘇州的田賦與唐代的租庸調制相比，則此時蘇州之田賦要比唐代重四、五十倍，因而英宗時，松江一地已積荒田 4,700 餘頃，皆因田租太重，遂造成久廢不耕之現象。

田賦較蘇州稍輕者為松江。宋代徵收蘇州賦稅，夏稅付錢，秋稅科米，總稅額每年不過 30 餘萬；松江則每年不過 20 餘萬。後來因改行公田，賦法遂雜亂矣。

元初之賦稅仍照宋制，但賦額則大增，至明洪武時，賦稅較元減少兩成左右，但永樂即位，賦稅又復加重，自萬曆到明末，賦稅仍重，故民間繳賦者，歲不過全年所賦之十之五、六而已。此種賦稅不均問題，一直到清代亦無改革。

總言之，唐中葉之北方財富，到明時已轉到南方，但南方人之生活已較唐代之北方人為苦。亦即顯示明代國運不及唐代了。此時財富集中於江南之富豪，而民則水深火熱。富人總算對社會事業之關懷，還相當顧及，對於農田水利，亦時有進修，也因此，南方農業水利終能維持不壞也。

五、宋元明三代學術

唐代中葉前後，是南北經濟文化的大轉移，同時也是貴族門第之興衰轉捩點。東漢以後的讀書人卻因緣際會，造成了貴族式的門第，並在東晉南北朝時大盛，要到隋唐科舉制度興起，貴族門第才開始衰落。

唐代科舉制度日漸普及，即使農家子弟，亦可一躍而變成士大夫，白衣老百姓有更多機會成為公卿了，客觀上，也就是社會階級消融了。

加上唐代以後，印刷雕版的發明，書籍的傳播更廣泛了，學術文化傳播更為普及。於是民間出現了很多藏書家，如王欽臣家藏書43,000 卷；宋敏求家藏書 3 萬卷；葉夢得超過 10 萬卷，周密家三代積存 42,000 多卷等。蘇東坡曾寫一篇〈李氏山房藏書記〉，其中云："余猶及見老儒先生，自言其少時，欲求《史記》、《漢書》而不可得，幸而得之，皆手自書，日夜誦讀，惟恐不及。近歲市人轉相摹刻，諸子百家之書，日傳萬紙。"此乃由於宋代活字版發明，因此書籍當然比唐代遠勝多倍了。

其次是讀書人多了，學校書院亦隨之而多了。因此學術空氣自然比從前為盛。

宋初的讀書人，多在寺廟中借讀，但多是關心世運，治儒術經典古籍，與唐代時人在寺廟中讀文選習詩賦，謀科舉已大不相同。此時書院亦紛紛建立，如有名的白鹿洞書院、嵩陽書院、嶽麓書院及應天府書院，多是模仿寺廟規制而建造。遂由私人聚徒講學而變成書院講學。

元代之書院比宋代為盛。直至明代，學術上自由傳播則更為方便了。此時貴族門第已不能獨擅學術上的私秘，從而使私人講學更為盛行。因此，宋明時期的自由講學之風，其風氣與先秦諸子講學時期差可相比。因為同為平民學者之自由講學也。

還有，宋明時期的學者，既非貴族，亦不出世，也不講功業禮教。他們講授的是接近平民社會的人生社會國家各方面，既不空談佛、道的出世長生之道，也不追尋霸道的君相事業。自從范仲淹、王安石主張政制改革失敗以後，已醒覺到要改革現實，應先從教育入手。因此當時的關洛知名學者均走上講學之路，一直到南宋時期，仍然一貫保持着此種講學之風。

北宋中期，學術風氣始終是私家講學。本來范仲淹、王安石等人很想徹底廢除科舉，重興學校，但興學需要龐大的經費與師資，還要有地方長官的支持配合，故辦學實不易，因此，只能從發展私家講學着手。

講學要有講堂，有了講堂，又要有講義。由於來學之人程度有高低，同時往來無定時，故不能一體施教，並無法規定日期，因此講學分成兩大派。一派為陸象山教法，主張因人施教，直指本心。此派傳承自程明道、伊川兄弟，重視語錄，程氏主張人靜坐，便是好學，陸氏近此派。

另一派為以朱熹為代表，朱子主張討論而不斷講說，與二程有異。朱子重視經書，選幾本重要的書來讀，喜歡為古代典籍作注疏，如王安石有詩、書、周禮的《三經新義》，成為學校教本，並作為科舉取士之標準，又如程伊川作《易傳》，直到朱子集大成，有《四書集注》，以便讓讀者各自研讀，以補講堂教育之缺失。後來朱注《四書集注》成了元代取士的標準。

簡言之，私家講學是接近陸象山的教學法。到了王陽明提倡良知之學，講者不必到書院，講學只須幾次談話便可成事。

因此，我們可以說，宋明學者講學之變遷，從學校進展來說，是先由寺院私人讀書，進而到私人書塾的書院，再發展為地方政府之公立學校，再進而由地方學校上推至國立學校（太學）。至於私人公開講學方面，第一期如二程，為私人講學；第二期如朱陸，此時期所集門徒有時甚多；第三期如陽明弟子之講學會，屬於非學校的，最終發展成為社會的公開講學。

因而宋明兩代 600 年中（宋慶曆、熙寧及明洪武永樂除外），政府

不能主持教育，領導學術。社會上的學術空氣則續有增高，教育要求
亦與時俱進。宋明儒之講學風氣之盛，實是在此種環境中產生。

第十章　滿清建國

一、滿清建立

滿州族在明代分為三部分。一為海西女真；二為建州女真；三為野人女真。野人女真由於住在黑龍江流域，距離中原地區最遠，所以不常來朝貢，但前兩個部落女真，明代時每年均來朝貢。

建州女真之祖先，在萬曆十一年，即張居正逝世翌年，為明將李成梁所殺，建州女真遂與明朝結仇。至萬曆四十四年，創立後金汗國，以步騎二萬，興師犯明，明朝出兵四路，每路兵六萬，合共 24 萬，討伐之。努爾哈赤以六旗 45,000 人擊敗明軍於薩爾滸山，明以輕敵冒進而慘敗，明將領死 300 餘，兵死 45,000 餘。於是明室起用熊廷弼經略遼東，廷弼力主守禦，滿洲亦不敢輕出兵，但熊一年後去任，由袁應泰繼任，不久後，遂失遼陽。

明再起用熊廷弼，本可安定疆土，惜廣寧巡撫王化貞主戰，與熊主守之意見不合，因此影響戰略，廣寧遂失守，於是派大學士孫承宗為薊遼經略使，命袁崇煥守寧遠。

此時後金建都於瀋陽，以十萬兵乘機西犯，為崇煥擊敗，努爾哈赤負傷而死。於是金太祖四子立，是為太宗。率兵再攻寧遠，又為明軍擊敗，謂之"寧錦大捷"。

此時明廷以不悅於魏忠賢，廷弼又遭罷劾，改以王之臣代之。熹宗崩，毅宗立，魏忠賢伏誅。袁崇煥復職，此時明流寇興起。

稍後滿洲兵又入關，皇帝中反間計，袁崇煥下獄受死，遂使滿洲得以直擾山西、直隸。此時滿洲改國號曰清，降清漢奸日眾，於是清兵四次入關，時洪承疇為薊遼總督，兵敗投降。

同時流寇陷北京，吳三桂則開山海關迎清兵入關。此時清人只用 30 年時間入關破北京，其原因為：萬曆中年以後，明政治腐敗，兵備廢弛又輕敵。且明政府常換守將，或誅或罷，人事混亂無方。兼且朝臣意見雜亂誤事。再加上流寇之內亂，朝廷官兵陸續降清者數十萬人，明安得不亡也。

二、南明興亡

明室初以遼東兵起事，但在神宗萬曆年間，屢次加賦，先後共增 520 萬両。毅宗時又加 165 萬両，名為遼餉。後來又增加勦餉 280 萬両，練餉 730 萬両，先後共加 1,695 萬両。但正統年以前，天下徵收只有 243 萬両，而此時已增加達七、八倍之多，因而民窮財盡，流寇等亂源遂起。

且當時又值荒年，陝西延安人民有食榆皮石塊者，甚至有父子夫婦互相交換小兒為食者。於是有叛卒、驛夫、饑民結夥紛起，造成亂源。最初有高迎祥者，竄擾陝西、山西、河南、湖北四省。

接着又有李自成、張獻忠亂甘肅，高迎祥被誅後，李自成繼稱闖王，此等亂黨到處擄掠 15 至 40 歲的民人為兵，並有號令法律。

考查以上流寇不能速平之原因，是地方分省制度不當，元人盡廢唐宋之制而自行分省建置。總之元、明、清三代無藩鎮專制之憂，以致平日無準備，而無法禁息亂民之平地突起也。

明代北部既陷，南方則有諸王爭相擁立，計有福王在南京、唐王在福州、魯王在浙江、桂王在肇慶；但不到 20 年，上述諸王相繼破滅。

　　滿清之入關而能極速滅南明，由於漢奸之助，於是清人論功行賞，先封吳三桂為平西王，居雲南；再封尚可喜為平南王，居廣東；又封耿精忠為靖南王，居福建。史稱"三藩"。

　　三藩不能自安，於康熙十二年自請撤藩，竟得許可，遂作反。當時耿、尚各有藩兵 8,000，吳三桂則領綠旗兵 12,000，再加餘丁 4,000，共有 16,000，當時清廷要付之兵餉甚重，清廷已內定撤藩，三藩內心實不願撤，於是吳三桂首先發起反清，滇蜀湘桂等六省響應，康熙十七年吳三桂死，不久三藩亂平。

　　三藩之失敗，主要是吳三桂不得人信仰，且三藩內部不一致，三桂晚年又力衰，已無銳氣。又加清主玄燁年少力壯，藉漢人之力而平亂，遂由明而轉清代。

三、清代政制

　　清代十主，共 268 年。清人統治中國後，初對漢人十分猜忌，努爾哈赤十分排漢，至清太宗則改採懷柔政策，並盡量利用漢奸協助管理，於康熙時尤甚。到雍正時，其人刻薄猜忌，施行高壓政策。至乾隆時，大局已穩，高壓更甚。

　　至於清之政制，仍隨明代舊制，不設宰相，以大學士理國政，君王則實施獨裁。雍正時特設軍機處，其權力大過內閣，但軍機處並非相職。此時外廷不得預聞。至於六部只是中央行政長官，其權力不大。當時雖仍有給事中，但只是御史官性質，對朝旨已無封駁之權，大權則全由帝王掌握。

　　此時之政權集中於中央內廷，各省總督巡撫常以兵政凌駕於民政之上。逢國家有大兵役，有皇上特派經略大臣、參贊大臣主理之。督撫則無權主管。在承平之時，各省均用滿人為駐防將軍，甚至漢人之綠營亦多用滿員。

國家之稅收，主要是全用來養兵。而各省督撫亦多用滿人為主，偶用漢人者實出於不得已也。後來用漢人，但忌用江浙人為主。地方親民官似無甚機會升遷，亦無發揮之權力。

三藩之亂平後，各省錢糧有餘者，悉數繳到中央收藏，不准地方存留，因此地方無建設可言。雍正以後，更收緊地方糧餉，地方更無餘款。

當時之翰林編檢等官及地方之道府長官，均不得奏摺上疏言事。並嚴禁讀書人建議軍民利病。最要者，清政府劃山海關以外之地為東三省，其政制則與內地不同。

清室對漢人管制甚嚴，但對蒙古、西藏、青海地區人民，則按舊俗鬆弛管轄。並不讓漢人任職理藩院，以免漢蒙兩族人有交接連絡，則自然易於統治管理也。

滿清又沿用元、明嚴刑，以殘虐漢人。至於清代漢人之地位，則較元代為高。但清代仍為狹義的部族政權，則毫無分別也。

四、清代軍事

吳三桂之軍力並非最強，主要是明末政治腐敗，再加上有漢奸之助力，才得以擊敗李自成、張獻忠。且其平定三藩時，乃全用漢人為將，並由綠營兵正式代替旗兵才能成事。

當時吳三桂所用綠營兵達 40 萬之眾。其等作戰雲貴地區，乃靠綠營兵衝前，旗兵隨後，稍後又佔服新疆、西藏、四川等地，亦靠賴綠營兵，且清軍此時已懂得用砲，遂使蒙回等敗北。

　　當時清軍所任用之大將多為漢人，如康熙時有姚啟聖、施琅助定台灣；雍正時征服厄魯特有年羹堯與岳鍾麒；收復苗疆之張廣泗；乾隆時靠岳鍾麒勝金川之役；嘉慶時傅鼐征服苗族；李長庚平定東南沿海；楊芳、楊遇春等平定川、楚；道光時楊芳平定回疆等，事業由漢人創，功賞由滿人得。

　　到乾隆時，清軍力已幾耗淨，乾隆雖自稱十全武功，但已是強弩之末矣。

　　乾隆多次用兵，軍費使用頗巨。如初次金川一役，用兵費 2,000 餘萬両；準回之役，用去 3,300 餘萬両；緬甸之役，用 900 餘萬両；第二次金川之役，用費 7,000 餘萬両；廓爾喀之役，1,052 萬両；台灣之役，800 餘萬両；總計 15,000 萬両以上。而其中緬甸之役，歷時 20 餘年，尚未竟功。

　　當時用滿兵作戰之費，多於用漢兵一倍，因此乾隆卒用漢兵多於滿兵，為節省軍功也。

　　乾隆好大喜功，所耗軍費龐大，遂至清代之衰運來臨，不可避免。

五、明末遺民與清初學風

　　清人入關後，明代士大夫激烈反抗，尤其以江南一帶最盛。當時清人武力不足，對漢人初甚寬容，即容許開科取士，並開放政權。對傳統漢人之政制接納讓步。

　　首先，北方之士大夫與清政府妥協。但滿清政府頗用手段，一面照舊制保持漢人習俗，但一面嚴行薙髮令，要漢人文化上屈服。在清軍高壓政策下，不得不屈服，而南方士人反抗之心仍較烈。但為了應舉做官，不陷入耕農經商之窮途，則唯有與清政府妥協參加科舉。

明末遺民，不屈服於清代科舉者，則有如下各項出路，如：方密之出家；呂晚村行醫；又如孫夏峰、顏習齋、張楊園等務農；又如張楊園設書館講學；又如李二曲、王船山則隱居；又如劉繼莊、李恕谷擔任遊幕，以及顧亭林、呂晚村經商等。

明末遺老們不願轉職者，則致力於學術文化工作，他們為了反清復明，便竟有主張恢復封建者，蓋有封建，便會有大門第，便容易在社會分裂情況下推翻舊制度，使士大夫之篤實學風與堅貞志氣，保持數百年之久直至清末。此股力量，使滿清以武力奪得政權以後，不得不考慮應維護人心之安定。於是清政府一面解放其政權，一面盡量推行漢化。

清初康熙帝尤為用力，康熙由青年時勤學以致咯血而仍不放棄苦讀。即使三藩亂起，仍勤讀不輟，終於到達無不通曉之境地。而在委屈求全下之中國士人，亦以明末遺民為榜樣，因此在參與吏治方面亦甚用心而踏實，遂使清初政況，稍勝於明代中葉。

清初以來，反抗清政權較烈的江浙一帶，因鄙視清政權而影響及於輕視科舉制，當時江浙士人中以不應科舉以家傳經訓為最有聲望最有骨氣。清代只有官辦的書院以收賣貧苦之士人，如當時有名儒如全祖望、錢大昕、李兆濟等，無志仕途，則唯有入書院講學以維生。

江浙地區較其他省份富庶，因此藏書亦多於他省，如乾隆朝之《四庫全書》共七套，內廷佔四套，而江浙佔三套，存於揚州、鎮江及杭州各一套，可見江浙之學術氣氛較他省為高。故江浙考證漢學之風在抗異族、抗現實之情況下，始終持之不衰，不過卻由愛好民族而轉變為純學術之探討，而脫離了現實。

第十一章　清代中衰與晚清變法改革

一、清之政風與洪楊之亂

　　清代康熙、雍正、乾隆三朝過着比較平穩安靜的日子，但乾隆下半期已步入衰運。這是由於帝王一代不如一代，康熙寬仁為懷，到雍正雖政治精明，卻刻薄，乾隆則好大喜功，但卻國富民強。康、乾時期相當於唐代貞觀與開元天寶。

　　清室之衰落，除帝王質素差別漸遠外，還加上滿族官員之貪污放肆。如乾隆晚年之和珅為相20年，貪污達八萬萬両，相當於國庫十年以上之歲入。於是遂有"和珅跌倒，嘉慶吃飽"之諺。當時外疆吏亦興起貪瀆之風。

　　由於清室滿人貪腐，遂使漢人志氣墮落，吏治日壞。嘉慶年間洪亮吉上疏謂：士大夫已不顧廉恥，有尚書侍郎甘為宰相屈膝者。洪氏又謂：當時州縣之惡，百倍於十年二十年之前。無事蝕糧冒餉，有事避罪就功，已不顧及民生吏治。

　　由於吏治差，各省遂有虧空。此乃由乾隆四十年後開始。地方官吏，已不顧及民生，而只是顧及橫加賦斂，刮民脂民膏以利己殃民。

　　此時期戶口激增，而民間經濟日壞。遂至乾隆末年，民變頻頻發生。如乾隆三十九年有王倫臨清之亂；四十六年有甘肅回叛；六十年有湘桂苗變；稍後又有川楚教匪等。川楚匪亂直至嘉慶七年才平定。

　　川楚匪亂達200萬人，波及燕、齊、晉、豫、秦、蜀諸省，自稱官逼民反，清廷歷時九年才平定之，此時滿族民力不足以平亂，乃靠地方團練平之。繼起又有浙閩海寇、山東天理教平定後至道光末年乃有洪楊大亂起。

起初洪秀全、楊秀清用"天厭滿清"、"朱明再興"等口號自稱官逼民反。當時有人利用宗教煽惑鼓動農民反政府，洪秀全用天父天兄的造託，在廣西山區吸引農民擾亂擁戴。

洪楊革命最重要之一點，是他們能舉起種族革命的旗號。

太平天國二年，洪秀全等提出滿清十餘萬眾如何能管治漢人五千餘萬大眾，此一種族之爭，成為制勝清政府最響亮之口號。

洪楊反清又利用當時廣東之三合會，強調志在反清復明，即借此以恢復舊山河，以建立新朝。洪楊乃利用此民族舊恨，以鼓吹反清，較前更烈也。

洪楊官制，王分四等，侯分五等，其下有六官丞相，殿前檢點、指揮、將軍等，在軍事則有軍帥統領 12,500 人，下轄五師，一師轄五旅，一旅轄五卒長，卒長各領百人，並轄四位司馬等。

太平天國天朝田畝制度，分田為九等，各按家口多寡，以行分田。凡天下田，男女同耕，此處不足，則遷彼處。凡天下田，豐荒相通，此處荒則移彼豐處，以賑此荒處，務使天下恭子天父上主皇上帝大福。有田同耕，有飯同食，有衣同穿，有錢同使。無處不均勻，無人不飽暖等。

天朝並頒下多項禁令：有禁纏足、禁買賣奴婢、禁娼妓、禁畜妾、禁吸鴉片等。

天朝諸王入南京，內訌日烈，各王互相殘殺，洪秀全乃專用長兄洪仁發(安王)及次兄洪仁達(福王)，因此眾叛親離，僅剩之翼王石達開，亦一去不返，因此洪楊敗局已定，前後 15 年，踞金陵 12 年，擾亂 16 省，終歸於失敗矣！

二、咸同中興

　　平定洪楊之亂的並非清政府及其朝臣，乃是靠一班讀書人及農民。當時曾國藩平定金陵洪楊亂事後，推滿臣官文奏捷。

　　由於洪楊用耶教宣傳，引起農民之不滿，於是曾國藩用農民組成的湘軍遂起抗拒之。曾氏之反洪楊，乃不滿洪楊"竊外夷之緒，崇天主之教……農不能自耕以納賦，而謂田皆天王之田……而謂貨皆天王之貨；士不能誦孔子之經"，主張要讀耶穌新約之書，因之激起民變。洪楊之失敗，並非不能夠推翻滿清，而是不能推翻中國社會固有的道德信仰與傳統習慣。

　　洪楊當時在南京而不北上，乃因長江有舟船可資利用，故不想再去北方。

　　而湘軍都有蕩平天下安定邦國之理想及心理準備，且曾氏用兵亦有計劃與推行之步驟。並一身以天下為己任，他同時網羅人才，提倡風氣，重視學術文化，而幕府賓僚，人才濟濟。

　　洪楊入南京後，互相殘殺，任用家人，而眾叛親離；文治制度方面，又不上軌道，不能廣泛吸收人才。洪天王只專用自家兄弟戚屬為親信，推行制度又不上軌道，一無建樹，安得不敗也。

　　洪楊之亂平定後，捻回之亂又起。清廷無法，仍得靠賴湘軍。

　　曾國藩於同治三年光復南京後，命部下率軍赴皖鄂交界處剿捻，曾薦李鴻章自代，同治六年捻平，接着左宗棠又平定甘肅新疆之回亂，李、左同為曾國藩一系人物也。

　　故曾、左、李加胡林翼，同為同治中興之人物也，但他們能平亂，卻不能辦治事。又因清政府猜忌漢人，故不能推誠大用。兼且，胡林翼早卒，曾、左一直馳騁於疆場未能為中央大臣，故對朝臣並無貢獻。故亂事雖平，但吏治仍然腐敗如昔，社會元氣大傷，朝政當然無法振作。

三、晚清政局

滿清的部族政權，經歷康雍乾盛世後，嘉慶帝已無力挽回乾隆末年的中衰之象，後傳位至道光帝，更要面對西方列強前來中國，無力應對，最終引發多次的對外戰爭，而屢戰屢敗，被迫割地賠款，更內亂頻生，成為清廷步向衰落的確證。

1. 外患入侵

首先是外患紛起。簡要列出重要事項如下：

道光十八年，政府派林則徐赴廣州禁鴉片，多番轉折，最終不敵英國，於道光二十二年被迫簽訂《南京條約》，將香港割讓給英國，並准許中國沿岸五口通商，稱為鴉片戰爭。

咸豐七年，英法聯軍攻陷廣州，並進侵天津，陷大沽炮台，最終導致侵入首都北京，皇帝避走熱河，英法軍人火燒圓明園，宮殿被大肆摧毀。

光緒五年，日本滅琉球。

光緒八年，與俄訂喀什噶爾條約東北界約。

光緒十年，中法戰起，敗而失安南。

光緒十二年，與英訂緬甸條約，失緬甸。

光緒十九年，英法逼暹羅廢止入貢中國。

光緒二十一年，中日戰後，議和割台灣，失朝鮮。

光緒二十三年，德佔膠州灣。

光緒二十四年，俄借旅順、大連，英租威海衞。

光緒二十五年，法佔廣州灣。

光緒二十六年，八國聯軍入北京，光緒逃西安。

光緒二十七年，訂辛丑和約。

光緒二十九年，日俄以東三省為戰場。

光緒卅年，與日訂滿洲協約。

宣統二年，外蒙佔庫倫，日本併滅朝鮮。

宣統三年，英兵侵佔片馬。

東西方國外勢力不斷侵入中國，清室愚昧，無法適應。最終導致喪權辱國。

2. 內政腐敗

其次，清室內政腐敗，財政極度困乏。

再者，清廷官方無能懦弱，為求開拓財源，提高出任官職的可能，容許捐錢可得官職，當時捐百餘金可得佐雜，千餘金可得正印。即使道府之官，亦不過三四千金可得。

另外尚有賑捐，順天賑捐一案，保至 1,300 餘人。山東工賑，保至 500 多人。吏途如此混亂，政治當然無法走上正軌矣！

3. 改良變法

因此不少讀書人提倡變法圖強，但清廷滿臣以為祖法不可變，且漢人亦隨之而腐化，主正義變法者日少。因此變法圖強者，不少只是空話而已。

且當時思變者，只知兵事外交，而不知民政內治；只知朝廷洋務，而不知有國民國務。即使上述局部思變，亦遭當時人之反對。因此思變之事務，時日遷延甚久。外患時刻逼近，政事遲遲不進，遂使識事務者注意到應在人才與教育方面着手。

於是當時遂有人興起辦學校廢科舉。首先辦學校者，大抵只關乎研究語言文字，以及軍事與機械製造。如京師同文館、上海廣方言館、福建船政學校、天津水師學校、廣東水陸師學堂及湖北武備學堂等，此等設校皆由地方督撫籌辦，而中央發起。

繼而有普通學校之設立，如光緒二十三年上海設南洋公學，內附設小學；天津設頭二等學堂，上述均相當於今之中學。至光緒二十四年，開始籌辦國立京師大學堂。至庚子政變後，光緒二十七年始有復興學校之議，內有速成科及仕學、師範二館，略近當時之科舉思想而已。

此種晚清之興學，亦與北宋之書院講學無法相比，甚至亦不及魏晉南北朝時代的佛學寺院。其目的只是為入學者出來後得一職位與地位而已。可稱為洋科舉八股洋翰林。

因此廢棄了隋唐以來的科舉制，而以學校為替代。於是有“中學為體，西學為用”之理論出現。

四、晚清政治改革

晚清之政治改革，首先是戊戌政變，接着便是辛亥革命。

政變之改革，仍可允許清王室存在，待到王室與滿洲部族舊官僚合作拒絕改革，遂主張一併推倒清王室。

戊戌政變歷時百日，故又稱“百日政變”，或“百日維新”。此政變實際上歷時 98 天，其失敗之原因，是政變人士依靠皇帝而發動，而皇帝並不可靠。光緒易衝動而機警嚴毅不足，當他讀到康有為的

《波蘭亡國記》及《突厥亡國記》時，涕泗橫流，富感情而不夠嚴毅沉着。

其次是此種變法並非革命，康有為只是一工部主事小官，無權無位，故無法推動政改。

另一失敗原因是政令太快太速，無按部就班之條理與方案。

而且當時舊勢力仍十分頑強，足以阻礙政改運動之推行。結果康、梁逃亡海外，戊戌六君被殺。但因此卻激起更大之反響，使滿洲政權早亡。

戊戌政變後，庚子拳亂隨即發生。滿洲部族政權利用排外之拳民來維繫其政權。因拳民排外而不變法，於滿政權有利而無害。

此時期，滿洲貴族有意組成一排漢之中央集權，光緒三十二年組成之內閣，當中滿七人，蒙一人，漢軍旗一人，漢四人，此時漢人反滿唯一之途徑，唯有推翻滿人政權。光緒慈禧同日逝世後，溥儀即位，其父載灃為攝政王監國，兼自統禁衛軍，並由其弟載洵統海軍，載濤為參謀大臣，並組成新內閣，滿人增至九席(其中五人為皇族)，漢人四席，此滿漢之界限益顯，引起漢人不滿，唯有革命爆發之一途。

小結：辛亥革命後政局

　　戊戌政變本來是曾國藩、李鴻章、光緒帝及康有為等人所希望的政治改革，這種改革是以犧牲較少的和平方式來進行的，但最終並不成事，唯有轉由在社會發起之辛亥革命來完成，此乃由於滿政權不明事理，死握政權所致。

　　因此辛亥革命爆發，滿清王室退位，但推翻後仍必須建立一有理想之新政權，此舉則不是馬上可完成，因此，辛亥革命只是這項國家現代化艱苦工程之開端。

　　此時期維護滿清王室之舊勢力反見猖獗。此等舊勢力乃依附於各省割據之軍人，亦導源於元明之行省制度之流弊，亦受洪楊以來各省督撫離心態度之演進，遂演變成民國以來之督軍。如當時袁世凱能忠心於民國，則不易發生如此眾多之兵變。當時全國各地軍隊，多達200萬人，有人統計，民國十一年以來，各地兵變達179次之多。軍閥們生活腐化，國家民族為掃蕩此輩軍閥，元氣大傷，直到民國十七年，國民革命軍再度北伐，局勢遂見安定下來。

　　同治光緒年間，主張船堅砲利。戊戌政變以後，所變在法律政制。民國以來，即有文化社會之革命。

　　文化革命則有人起來大呼禮教吃人，打倒孔家店、廢止漢字、全盤西化等口號。

　　社會革命則主張工農無產階級專政以奪取政權，並以創建蘇維埃政府為口號。後來有人出來遏止此種革命風氣，費力十分巨大，國家亦大傷元氣。

日寇自民國四年侵華開始，直至民國二十年九一八瀋陽事變，東四省被侵佔，一直到民國二十六年七七盧溝橋事變，才一致對日抗戰。

此時全國在三民主義領導下，採取革命態度，針對當時之弱點，保持傳統之文化精神，聯絡以和平待我之各國，遂有八年抗戰之勝利，全國人民團結禦侮，完成建立新中國的使命。